Manfred Julius Müller

Band II

DAS KAPITAL
und die Weltwirtschaftskrisen

Mit billigem Notenbankgeld
und Währungsdumping aus der Krise?

AF287647

© Manfred Julius Müller, Flensburg
1. Auflage November 2010
2. Auflage Juni 2014
Alle Rechte liegen beim Autor
Herstellung und Verlag: BoD – Books on Demand, Norderstedt
ISBN 9783842329089

Inhaltsverzeichnis

Vorbemerkungen

Bei diesem Band handelt es sich um eine Fortsetzung meines Grundwerkes "DAS KAPI-TAL und die Globalisierung" (ISBN 9783837046229).

Schwerpunktmäßig geht es mir diesmal um die Analyse von Finanz- und Weltwirtschafts-krisen, wobei auch die Erfahrungen aus der jüngsten, im Frühjahr 2008 sich ausbreiten-den Krise berücksichtigt wurden.

Die Betrachtungen beziehen sich vorangig auf Deutschland, allerdings gibt es zu den anderen westlichen Industrienationen selten gravierende Unterschiede.

Zu den in Kursiv dargestellten Begriffen biete ich im Interent weiterführende Erläute-rungen unter der Adresse www.das-kapital.eu/band2.html

Manfred Julius Müller

Flensburg, den 30. Oktober 2010

Nachtrag:

Ich betrachte dieses Buch auch als Zeitdokument. Deshalb habe ich darauf verzichtet, bei der Neuauflage im Juli 2014 alle Zahlen und Daten zu aktualisieren. Denn in ihrer Aussage und ihrem Trend haben sich die Zahlen bestätigt und fortgeschrieben. Bis auf geringfügige Änderungen wurde das Buch im Originalzustand belassen. Es wurden je-doch einige Artikel hinzugefügt, und zwar auf den Seiten 5, 18, 38-39, 60-62.

„Nobody is perfect." Sollte Ihnen ein Fehler in diesem Buch auffallen, wäre eine kurze Mitteilung per Email an m.mueller@iworld.de sehr freundlich. Der Fehler könnte dann bei der nächsten Auflage berücksichtigt oder auch schon vorher auf der Website www.das-kapital.eu/band2.html angezeigt werden. Auch kurze Kommentare zum Buch könnte ich dort veröffentlichen.

Kapitel I

Ignoranz und Schönfärberei

Warum kommt es auch in unserer Zeit, nachdem man doch bereits über viele Jahrhunderte bittere Erfahrungen gesammelt hat, immer wieder zu gefährlichen Spekulationsblasen und Wirtschaftskrisen?

Eine wenig beachtete Ursache der scheinbar überraschend über uns hereinbrechenden ökonomischen Desaster begründet sich in der oft mangelnden Offenheit und Ehrlichkeit der Politiker. Eine große Mitschuld an solchen Katastrophen tragen aber auch die Medien, die sich oft als willfähriges Sprachrohr der politischen Prominenz verstehen und die Propagandaparolen der Volksvertreter wenig prüfen und hinterfragen.

Es liegt in der Natur der Sache, dass demokratisch gewählte Regierungen bemüht sind, Erfolge zu präsentieren. Denn sie wollen ja schließlich wiedergewählt werden. Und deshalb werden unliebsame Wahrheiten oft bis zur Unkenntlichkeit zurechtgebogen und beschönigt. Diese weltweit verbreitete Bilanzkosmetik täuscht aber nicht nur die Wähler, sondern am Ende die Regierenden selbst. Weil nicht einmal Minister und Staatssekretäre die Zeit haben, über die in den Ministerien erstellten Zahlenwerke lange nachzudenken, sie zu prüfen bzw. deren Kriterien zu hinterfragen.

So gibt es zum Beispiel für die Arbeitslosenstatistik meines Erachtens in keinem Staat der Erde realistische Zahlen, die das Mammutproblem wahrheitsgetreu widerspiegeln. Überall wird getrickst! Es werden Arbeitsuchende, denen keine Sozialhilfen zustehen, meistens ebensowenig mitgezählt wie die in den Vorruhestand abgeschobenen Menschen oder diejenigen, die aus lauter Verzweiflung ein Praktikum nach dem anderen absolvieren, sich immer wieder umschulen lassen, ihre eigentlich abgeschlossene Schulausbildung in jahrelangen Warteschleifen unnötig aufstocken, sich an sinnlosen Arbeitsbeschaffungsmaßnahmen beteiligen, sich mit unterbezahlten Aushilfsjobs durchschlagen, sich als Subunternehmer ausbeuten lassen usw. usw..

Die gleiche Schummelei vollzieht sich bei der Lohnentwicklung. Auch hier will man offenbar nicht wahrhaben, wie sehr die realen Arbeitsentgelte selbst in unserem deutschen Exportwunderland seit 1980 sanken. Das Unwissen bzw. die Ignoranz der Politiker führen unweigerlich zu politischen Fehlentscheidungen, die letztlich die Basis bilden für den wirtschaftlichen Niedergang und sich aufbauende Wirtschaftskrisen.

Deshalb fordere ich hier zum wiederholten Male die monatliche Veröffentlichung ehrlicher Erwerbslosenzahlen und eine offene Bilanz der realen Lohnentwicklung seit 1980. Erst wenn diese Vergleichsmöglichkeiten bestehen, wird die Menschheit aufwachen und die zwingende Notwendigkeit rascher Reformen allgemein anerkannt.

Sind Wirtschaftskrisen unvermeidlich?

Sind stete Konjunkturschwankungen im Kapitalismus vorprogrammiert? Ist das permanente Auf und Ab einfach systembedingt und sind auch Wirtschaftskrisen nicht zu verhindern? Politik und Presse haben ein Interesse daran, wirtschaftliche Schwankungen als naturgegeben zu verkaufen. Auf diese Weise stehlen sie sich aus der Verantwortung und beschwichtigen die Bevölkerung.

Aber weder langjährige Rezessionen noch tiefgreifende Wirtschaftskrisen sind meines Erachtens unvermeidbar – sondern allein die Folge groben politischen Versagens. Immer wieder trifft man bei Entscheidungsträgern und Meinungsbildnern auf Gedankenlosigkeit und Ignoranz, auf Unwissenheit gepaart mit Egoismus. Die Politik, so scheint es, steht selten im Dienst des Allgemeinwohls – sondern eher unter dem Einfluss von Lobbyisten und oberflächlichen Partei- und Wählerinteressen.

In der westlichen Welt ist es Regierungen und Medien wahrhaftig gelungen, das vielleicht größte Paradoxon aller Zeiten zu vertuschen: Seit 1980 hat sich die Produktivität in den alten Industrienationen in etwa verdoppelt – während im gleichen Zeitraum Reallöhne und Renten sanken. Aber diese Ungeheuerlichkeit wird nicht einmal in Ansätzen diskutiert! Selbst ein Laie kann sich ausmalen, dass eine solch absurde Entwicklung langfristig ins Verderben führen muss. Eine sinkende Kaufkraft bei steigender Produktivität muss im Desaster bzw. in einer Wirtschaftskrise enden!

Die Ursachen für die künstlich erzeugte Abwärtspirale habe ich bereits im ersten Band („DAS KAPITAL und die Globalisierung") ausführlich beschrieben. Die Hauptschuld an allem Übel trägt der globale Dumpingwettbewerb – hervorgerufen vor allem durch den weitgehenden Abbau der Zölle.

Der Propagandaapparat der Kapitallobby und der mit ihnen verbündeten Politiker und Medien läuft so „geschmiert", dass die Menschheit (und mit ihnen auch die große Mehrheit aufrichtiger Volksvertreter) von den Abläufen und den Hintergründen des Niedergangs kaum etwas mitbekommt. Die meisten gebildeten Bürger wollen nicht einmal wahrhaben, wie sehr die Reallöhne und Renten in den letzten 30 Jahren abgesunken sind. „Uns geht es doch allen gut", behaupten sie arglos und kommen auch gleich mit den bekannten Patentrezepten, die über die Medien immer wieder in die Öffentlichkeit lanciert werden.

„Wir müssen eben mehr für die Bildung ausgeben" heißt es dann, oder „wir brauchen mehr Zuwanderer". Dabei haben wir diese beiden Punkte doch in der Vergangenheit bis zum Erbrechen durchexerziert – mit den bekannten negativen Ergebnissen. Irgendwie scheinen derlei Reformen nicht zu greifen, das sollte man vielleicht endlich einmal zur Kenntnis nehmen.

Auch andere Standardempfehlungen halte ich für wohlfeil und töricht. Weder löst man in einem zollfreien Weltmarkt mit einem *Mindestlohn* die Probleme (wo doch tüchtige Facharbeiter in Asien schon für wenige Cent die Stunde Akkord arbeiten), noch bringen pauschal angemahnte Lohnerhöhungen etwas, weil die Wettbewerbsfähigkeit des Landes darunter leidet und die meisten Konsumartikel eh importiert werden und somit nur wenig zur Wirtschaftsbelebung beisteuern können.

Selbst die Forderung nach *höheren Spitzensteuersätzen* kann man nur belächeln. Was nützen derlei Ansinnen, wenn schon jetzt Niedrigsteuerländer die Reichen und die Eliten erfolgreich abwerben? Will man diesen Exodus beschleunigen?

Nicht einmal die *demografische Entwicklung und die Kosten der Wiedervereinigung*, die immer wieder gerne in Deutschland als Ursachen für alle Schwierigkeiten benannt werden, taugen als Entschuldigung. Denn die Alterung der Gesellschaft vollzieht sich schon seit über hundert Jahren – und der Aufbau Ost war eine Bagatelle im Vergleich zur Trümmerbeseitigung nach dem Kriege.

Selbst in den USA sind die Reallöhne gesunken!

Sogar in den USA verdient der Durchschnittsbürger heute weniger als 1978! Dabei gab es dort keine Kosten der Wiedervereinigung und auch nicht den demografischen Wandel wie in Westeuropa.

Die USA verzeichnen nach wie vor ein kräftiges Bevölkerungswachstum, profitieren vom Zuzug der geistigen Eliten aus aller Welt, verfügen über umfangreiche Bodenschätze, stecken Unsummen in die Bildung und Forschung, punkten mit dem Dollar als dominierende Weltleitwährung und können einen riesigen Wirtschaftsraum aufweisen, der anders als die EU völlig homogen strukturiert ist (gleiche Steuern, Gesetze, Lohnniveaus, Sprache und Nationalität).

Die USA verfügen also über all das, was wir so gerne hätten und dessen Mangel in Deutschland als Ausrede für den Niedergang herhalten muss. Doch selbst diese günstige Ausgangsposition nützt den USA offenbar wenig. Weil auch sie sich auf Betreiben des Großkapitals ganz dem globalen Lohndumping verschrieben haben (durch den Abbau von Zöllen und Einfuhrbeschränkungen).

Zu den kursiv dargestellten Begriffen gibt es im Internet ausführlichere Abhandlungen unter www.das-kapital.eu/band2.html

„Aber das stimmt doch gar nicht, der Reallohn ist doch deutlich gestiegen ..."

Warum so viele Leute nicht wahrhaben wollen, dass der Reallohn seit 1980 um über 15 Prozent gesunken ist ...

Leider werden von Politikern und Publizisten unliebsame Realitäten gerne ausgeblendet und zur Beruhigung verschleiernde Bilanzen aufgetischt. Nicht einmal das deutliche Absinken der Nettolöhne seit 1980 will man sich und dem Volk eingestehen. Getrickst wird bei diesen Vertuschungen mit allen Mitteln. Einige Beispiele:

1. Darf man die Inflation ignorieren?
Lohnanstiege lassen sich leicht vortäuschen, indem man einfach die Inflation unberücksichtigt lässt (oder die Inflationsrate falsch berechnet, siehe Seite 14).

2. Brutto statt netto ...
Das Gleiche geschieht mit der Nichtberücksichtigung von Abzügen – dem beliebten Brutto-Verwirrspiel. Aber was nützt ein höherer Bruttolohn, wenn netto immer weniger übrigbleibt? Schon die kalte Progression (der Umstand, dass durch die Inflation Arbeitnehmer in höhere Steuertarife rutschen) erhöht die Abgabenlast.

3. Bundesdurchschnitt statt ehrliche Einkommensentwicklung einzelner Berufssparten
Es werden keine berufsspezifischen Vergleiche angestellt, sondern die allgemeine Einkommensentwicklung aller sozialversicherungspflichtigen Arbeitnehmer.

Heute verfügen aber weit mehr Menschen über eine längere und ungleich teurere Ausbildung als es 1980 der Fall war. Zudem wurden einfache, arbeitsintensive Produktionsbereiche ins Ausland verlagert, die nun nicht mehr das allgemeine Lohnniveau belasten. Es wird also der heutige Diplomingenieur mit dem damaligen Fließbandarbeiter in einen Topf geworfen. Ein völliger Schwachsinn!

Der undurchsichtige Eintopfbrei vertuscht zusätzlich noch andere Abartigkeiten: Die absurd gestiegenen Millionen-Gehälter/Boni/Abfindungen von Managern, Bankern, Vorständen usw. blähen das allgemeine „Durchschnittseinkommen" heute auf.

4. Höhere Zuzahlungen und schlechterer Versicherungsschutz fallen unter den Tisch...
Es werden keine Sonderregelungen berücksichtigt. Die Selbstbeteiligung im Gesundheitswesen wurde zum Beispiel zunehmend ausgebaut, die Leistungen teilweise gekürzt

(zum Beispiel Einsparung des Sterbegeldes). In vielen Bundesländern wurde trotz anhaltender Massenarbeitslosigkeit ein kirchlicher Feiertag ersatzlos gestrichen und dem „Fortschritt" geopfert (*Pflegeversicherung*).

5. Selbst die Verschlechterung der Arbeitsbedingungen bleibt unbeachtet …
Die Schichtarbeit wurde massiv ausgeweitet und die diesbezüglichen Erschwerniszuschläge abgesenkt. Im Durchschnittslohn-Eintopf von heute befinden sich also häufiger Schichtzulagen als früher (dennoch sind die Reallöhne trotz höherer Qualifikation gesunken). Ebenso haben die Firmen laufend Personal eingespart auf Kosten der anderen Mitarbeiter – Leistungsdruck und Stress sind gewachsen.

6. Abbau der übertariflichen Leistungen
1980 waren übertarifliche Lohnleistungen von 10 bis 20 % bei vielen Firmen Pflicht (weil sie sonst keine Leute bekamen). Heute ist es umgekehrt, es wird oft genug unter Tarif gezahlt. 1980 wurden die reichlich gemachten Überstunden mit hohen Aufschlägen ausbezahlt, heute erwarten viele Chefs unbezahlte Überstunden.

1980 überboten sich die Firmen mit großzügigen Sozialleistungen (billige Firmenwohnungen, Firmenwagen-Nutzung, Betriebsrenten, subventioniertes Kantinenessen, Fahrgeldzuschuss usw.). Heute sind derlei Draufgaben weitgehend unbekannt.

7. Und sogar der Rentenanspruch fällt geringer aus …
Ist in irgendeiner amtlichen Statistik der Einkommensentwicklung schon jemals berücksichtigt worden, dass schließlich auch die erarbeiteten Rentenansprüche spürbar einbrachen? Dabei gehört dieser Aspekt doch unmittelbar dazu. Die Renten sind seit drei Jahrzehnten stetig abgesunken. Wer heute malocht, bekommt trotz hoher Beitragszahlungen später vielleicht nur eine Rente auf Hartz-IV-Niveau (dann waren sämtliche Beitragszahlungen für die Katz).

Als Ausgleich für diese Einbußen erwartet der Staat heute von den Arbeitnehmern den Aufbau einer privaten *Zusatzrente*, die die Betroffenen natürlich aus eigener Tasche bezahlen sollen (trotz sinkender Reallöhne).

Die Reallohneinbußen sind höher als amtlich eingestanden …
Allein schon an dieser kleinen Aufzählung (die sich munter fortführen ließe) wird deutlich, wie sehr amtliche Statistiken von der Wirklichkeit entfernt sind. Zwar lassen einige veröffentlichte Zahlen bisweilen durchblicken, dass die Reallöhne in den letzten 10 oder 15 Jahren nicht gestiegen sind – das ganze Ausmaß der Tragödie wird aber nicht preisgegeben (wie würde die Öffentlichkeit wohl darauf reagieren?). Berücksichtigt man alle

relevanten Faktoren, kommt man in vielen Berufszweigen sogar auf einen realen Einkommensverlust in Höhe von 20 bis 30 Prozent.

Aber leider gibt es darüber keine amtlichen Zahlen oder sie werden einfach nicht herausgerückt. Dabei handelt es sich doch hier um einen äußerst wichtigen Aspekt.

Offizielle Daten:

Brauchbare Daten über die Reallohnentwicklung gibt es eher selten und nur für bestimmte Zeiträume. Laut tagesschau.de soll es in den Jahren 1995 bis 2004 in Deutschland zu einem Rückgang von 0,9 % gekommen sein – aber eben mit der Einschränkung, dass es sich dabei um Bruttolöhne handelt und den „durchschnittlichen Arbeitnehmer" (also wurden die höheren Qualifikationen, Erschwernisse wie häufige Schichtarbeit usw. nicht berücksichtigt). Wie wir alle wissen, ging der Abstieg nach 2004 munter weiter, und in der Zeit von 1980 bis 1994 gab es ihn leider auch schon.

Das Bundesarbeitsministerium räumte im Jahr 2006 ein, dass die Nettoreallöhne in den 20 Jahren zuvor nicht gestiegen seien. Aber auch hier wurden viele Dinge nicht berücksichtigt (höhere durchschnittliche berufliche Qualifikation, höhere Arbeitsanforderungen, mehr Schichtarbeit, mehr unbezahlte Überstunden, weniger Betriebsrenten und andere betriebliche Sozialleistungen, 1 Feiertag abgeschafft, kein Sterbegeld, Zuzahlungen bei Arzneien, Streichung des Brillenzuschusses usw.). Geschönt werden die Reallöhne zusätzlich noch durch fragwürdige Berechnungen der Inflationsraten.

Nur die halbe Wahrheit ...

Am 13. 8. 2009 wird von der Presse eingestanden, dass „die Reallöhne von 2004-2008 rückläufig waren" und laut DIW (Deutsches Institut für Wirtschaftsforschung) seit Anfang der 1990er Jahre kaum gestiegen sind.

Immerhin wird inzwischen anerkannt, dass die Lohnentwicklung im völligen Gegensatz zum recht ordentlichen Wirtschaftswachstum stand. Dass die ganze Wahrheit noch viel schlimmer ausfällt, habe ich bereits in sieben Punkten erläutert (mindestens 15 Prozent Reallohnverlust seit 1980).

Weiterhin behauptet das DIW, dass hauptsächlich Unternehmer, Selbständige und Beamte von der Einkommensentwicklung profitiert haben. Auch hierbei handelt es sich meines Erachtens nur um eine Halbwahrheit. Nutznießer waren in der Regel nicht Selbständige und Beamte, sondern vor allem die Konzerne, Spekulanten, Manager, Investmentbanker usw..

Unternehmer bzw. Selbständige pauschal als Gewinner abzustempeln ist der reine Hohn angesichts der vielen Firmenschließungen, Firmenpleiten, des Höfesterbens und der wachsenden Zahl Selbständiger, die hauptsächlich oder teilweise von Hartz IV leben.

In den öffentlich-rechtlichen Fernsehnachrichten wird fast täglich an den Holocaust, deutsche Kriegsverbrechen oder die NSU-Morde erinnert. Doch über das seltsame Phänomen der seit 1980 sinkenden realen Nettolöhne wird sich ausgeschwiegen.

Die Mahnung an die Erbschuld unseres Volkes wird bei jeder sich bietenden Gelegenheit ausgiebig genutzt. Für die wirklich relevanten Probleme aber fehlt die Sendezeit.

Sinnloses Produktivitätswachstum seit 1980?

Durch den Zollabbau (Globalisierung) und die Kosten der EU sind seit 1980 die deutschen Reallöhne gesunken, während sich gleichzeitig die Produktivität fast verdoppelte.

Von 1980 bis 2006 stieg die Produktivität um 79 %
Von 1980 bis zum Jahre 2006 ist die Produktivität in Deutschland um 79 Prozent gestiegen. Dabei fällt auf, dass das Produktivitätswachstum mit Zunahme der Globalisierung stetig abnahm.
In den Jahren 1980 bis 1989 betrug laut DIW (Deutsches Institut für Wirtschaftsforschung) das durchschnittliche Produktivitätswachstum noch stolze 2,5 Prozent,
in den Jahren 1990 bis 1994 stieg es wegen der Wiedervereinigungseffekte auf 2,9 Prozent, sank aber in den Jahren 1995 bis 2000 auf 1,9 Prozent.
Von 2001 bis 2006 betrug das durchschnittliche jährliche Produktivitätswachstum nur noch 1,3 Prozent.

Ohne Globalisierung hätte sich die Produktivität mindestens verdoppelt!
Tatsächlich ist die Produktivität von 1980 bis 2008 um ca. 83 Prozent gewachsen – hätte es die Globalisierung (den Zollabbau) nicht gegeben, wäre jedoch der Anstieg deutlich höher ausgefallen!
   Denn durch die Globalisierung sind gerade die arbeitsintensiven Fertigungsbereiche ins Ausland abgewandert (in denen noch ein hohes Rationalisierungspotential schlummerte). In Deutschland verblieben überwiegend die hoch automatisierten Produktionsanlagen, in denen große Effizienzverbesserungen kaum mehr möglich sind.

Die Globalisierung (und die EU) bewirkte also Zweierlei: Ein über 80prozentiges Produktivitätswachstum führte zu realen Lohneinbußen von ca. 15 Prozent.
   Außerdem sank das Produktivitätswachstum auf miserable Durchschnittswerte – dabei hätten die Einführung der revolutionären Chip- und Computertechnologien und die Investitionen in Ausbildung und Forschung zu Traumergebnissen führen müssen.

Seit 1980 driften Reallöhne und Produktivität auseinander und immer noch heißt es:
   „Wir profitieren von der Globalisierung!" (vom Zollabbau)
   „Wir profitieren von der EU!"
   „Wir profitieren vom Euro!"
   Welch eine Verlogenheit! Welch ein Zynismus!

Flickschustereien statt seriöser Reformen

Auch die Agenda 2010 konnte das Problem der Massenarbeitslosigkeit nicht lösen ...

Nahezu kopflos, so scheint es einem jedenfalls, wurden in der Vergangenheit die wachsenden Probleme angegangen. Dabei fällt auf, dass offensichtlich die Kaschierung des Problems stets wichtiger erschien als ein fundamentaler Lösungsansatz.

Beispiel Massenarbeitslosigkeit: Seit 30 Jahren experimentiert man in Deutschland (wie auch in anderen großen Industrienationen) an diesem grundsätzlichen Problem herum – mit dem Ergebnis, dass es heute doppelt so viele offizielle Arbeitslose gibt wie 1980. Dabei erweisen sich die amtlichen Zahlen aber als stark geschönt und wenig aussagekräftig. Die *verdeckte Arbeitslosigkeit* hat im Laufe der Jahrzehnte gigantische Ausmaße angenommen. Millionen Erwerbslose befinden sich in ABM-Maßnahmen, Ein-Euro-Jobs, Kurzarbeit, Praktikas, der Frührente usw.. Würde man all diese versteckten Arbeitslosen mitzählen, würden sich die offiziellen Zahlen schnell verdoppeln, wenn nicht gar verdreifachen. In Wahrheit fehlen in Deutschland nicht drei Millionen sozialversicherungspflichtige Vollzeitjobs, sondern etwa zehn Millionen.

Ignoranz und Schönfärberei!

Massenarbeitslosigkeit, sinkende Reallöhne und steigende Staatsverschuldungen sollten derweil auch dem dickfälligsten Politiker signalisieren, dass ständige Flickschustereien wenig nützen und man damit nicht weiterkommt.

Selbst die hochgelobte *Agenda 2010* hat in Wahrheit nichts wirklich Positives bewirkt (auch wenn ihr immer wieder Erfolge angedichtet werden). Ich halte noch heute das Hartz-IV-Konzept für einen sinnlosen Aktionismus, durch den wieder einmal notwendige Reformen (die das globale Dumping entschärft hätten) vertagt werden konnten.

Bei dem ewigen Hin und Her bezüglich der Wirtschaftspolitik und den ständigen konzeptlosen Eingriffen in die Wirtschaft fällt dann gar nicht mehr auf, wenn tatsächlich einmal eine Maßnahme greift und die Lage verbessert.

Ich denke da vor allem an die *Erhöhung der Mehrwertsteuer* von 16 auf 19 % bei gleichzeitiger Absenkung der Beiträge zur Arbeitslosenversicherung zum 1. 1. 2007. Diese Reform war nun wirklich erfolgreich! Aber leider auch zu *unpopulär*, weshalb ein weiterer Schritt in die richtige Richtung offenbar von keiner Partei ins Auge gefasst wird.

> **Warum bloß wird die Agenda 2010 immer noch als Erfolg verkauft?**

Falsche Zahlen
führen zu falschen Schlussfolgerungen ...

Regierungen sind stets bemüht, ihre Arbeit in einem günstigen Licht darzustellen, denn schließlich wollen sie ja erstens wiedergewählt werden und zweitens auch die Bevölkerung nicht unnötig beunruhigen. Diese Interessenlage führt leider häufig zu obszönen statistischen Zahlenwerken, die der Realität nicht gerecht werden. Das Dumme ist nur, dass auf diese Weise nicht nur das Volk getäuscht wird, sondern auch die Politiker selbst und sogar führende Wirtschaftsexperten. <u>Die ausufernde Bilanzkosmetik ist daher der Ausgangspunkt für fatale wirtschaftliche Fehllenkungen</u>, die wiederum verantwortlich sein können für die nächste Weltwirtschaftskrise.

Hier einige Beispiele praktizierter Verdrängungskunst:

1. **Verniedlichung des Arbeitslosenproblems.** In Deutschland fehlen nicht drei Millionen, sondern <u>10 Millionen sozialversicherungspflichtige Arbeitsplätze</u> (siehe Seite 12).

2. **Verkennung der Lohnentwicklung.** In fast allen westlichen Industriestaaten sind die <u>Reallöhne in den letzten 30 Jahren gesunken, trotz Verdoppelung der Produktivität</u> (siehe Seite 8).

3. **Lohnabstandsgebot wird nicht eingehalten.** Hartz-IV-Familien stehen sich nicht selten finanziell besser als entsprechend große Akademiker- oder gar Doppelverdienerhaushalte, würde man alle Sozialhilfen fair einpreisen. Näheres unter *Kinderarmut.*

4. **Noch mehr Geld für die Bildung?** Viele Politiker wollen uns einreden, mit immer höheren Aufwendungen im Bildungsbereich ließe sich Deutschlands Niedergang hinauszögern oder gar abwenden. Als Bezugsgröße dienen ihnen dabei unsere Bildungs- und Forschungsausgaben im Verhältnis zum BIP (Bruttoinlandsprodukt). Tatsächlich gibt es aber nur wenige Länder, die unsere Aufwendungen diesbezüglich übertreffen. Was außerdem verschwiegen wird: Die Zahl der Schüler und Auszubildenden ist bei uns deutlich niedriger! Pro Kopf sind unsere Ausgaben schon heute kaum zu toppen.

5. **Äpfel- und Birnenvergleich im Bildungswesen.** O Schreck, auch bei der Zahl der Abiturienten und Studienabsolventen steht Deutschland im internationalen Vergleich nicht an erster Stelle. Dabei wird jedoch übersehen, dass die Klassifizierungen und Begriffsverwendungen in den einzelnen Staaten höchst unterschiedlich ausfallen. In vielen Ländern entspricht das Abitur unserer Realschulreife und jede berufliche Standardausbildung wird zum Studium verklärt. Es wäre also Unfug, den auf diese Weise hochgeschraubten Bildungsquoten nacheifern zu wollen.

6. **Lebt Deutschland vom Export?** Alle maßgeblichen politischen Entscheidungen

13

der letzten Jahrzehnte standen unter dem Einfluss unserer Exportabhängigkeit. Angeblich leben „wir" vom Export, also muss alles dieser obersten Prämisse geopfert werden. Dabei sind auch hier die Zahlenwerke mehr als fragwürdig (siehe *Exportweltmeister*).

Es sollte doch jedem zu denken geben, wenn schon ein kleiner Staat wie Irland mit seinen gut vier Millionen Einwohnern selbst im Katastrophenjahr 2009 auf dem Papier gigantische Handelsbilanzüberschüsse auszuweisen hatte (für 83,5 Milliarden Euro Exporte, Importe nur für 44,8 Milliarden). Wer glaubt diese Zahlen, bzw. wie erklären sie sich? Ist das fast bankrotte Irland tatsächlich eine derart starke Wirtschaftsmacht?

7. **Wie hoch ist das Währungsdumping?** Auch diese Problematik wird wegen falscher Berechnungen allgemein unterschätzt. Chinas Yuan zum Beispiel müsste meines Erachtens nicht um 20, sondern um 200 % aufgewertet werden (siehe Seite 30).

8. **Sagenhafte Unterschiede beim Bruttoinlandsprodukt.** Auch die Bemessung des Wohlstandes bzw. BIP pro Kopf der Bevölkerung halte ich für grotesk. Weil eben die Lebenshaltungskosten in den einzelnen Ländern zu wenig berücksichtigt werden. Zwar gibt es mittlerweile auch schon BIP-Kaufkraftvergleiche, aber diese Statistiken sind immer noch ungenügend und verzerrend, weil sie nicht das Kaufverhalten der Durchschnittsbürger widerspiegeln (zu viele importierte Luxusgüter für die Reichen dort einfließen).

9. **Auch die Inflationsrate führt zu Fehlinterpretationen.** Wie die Inflationsrate eines Landes gemessen wird, bleibt nicht nur dem Normalbürger verborgen. Was befindet sich in welchem Umfang an Waren und Dienstleistungen im Warenkorb, aus dem die Preisentwicklung errechnet wird? Fest steht: Die Durchschnittswerte liefern ein trügerisches Bild. Weil zum Beispiel Verbilligungen bei High-Tech-Geräten das Kaufverhalten ändern und die Menschen davon unterschiedlich profitieren. Weil für die einen Zinsverbilligungen ein Segen sind (billige Hypotheken), andere dafür aber bluten müssen (Verluste bei Spareinlagen und Lebensversicherungen).

10. **Kreative Buchführung auch beim Staat.** Nicht nur Griechenland rechnete seine Haushaltsdefizite und Staatsschulden klein. Überall in der Welt wird getrickst und verschoben, um das wahre Ausmaß der Verschuldung zu vertuschen.

„Je mehr Export, desto höher der Wohlstand!"
Besonders in Deutschland wurde dieser Irrglaube bis zur Besessenheit gepflegt und ausgelebt.

Die Mär von der internationalen Arbeitsteilung

Viele Politiker schwören auf die internationale Arbeitsteilung. Sie meinen, es bringe einem Land große Vorteile, sich auf bestimmte Produktionsgüter zu spezialisieren, um diese dann weltweit zu vermarkten und im Gegenzug andere Produkte günstig zu importieren.

Die Idee von der internationalen Arbeitsteilung ist ein alter Hut!
Die These der internationalen Arbeitsteilung ist alles andere als neu – sie wurde bereits 1817 von David Ricardo propagiert. Er beschwor die produzierenden Staaten, sich auf ihre landestypischen Stärken zu konzentrieren und vorwiegend das herzustellen, was sie am besten können. Als klassisches Beispiel nannte Ricardo Portugal, das sowohl Wein als auch Tuch billiger als England herstellen konnte. Seine damalige Empfehlung: Portugal solle nur noch Wein herstellen (weil dort der Kostenvorteil besonders hoch war) und Tuche dann im Austausch gegen Wein aus England importieren.

Theoretisch hätten Portugal und England tatsächlich durch diesen Deal Vorteile (eine höhere Produktivität). Doch weitgehend unberücksichtigt bleiben bei dieser Milchmädchenrechnung die Gefahren einer Monokultur (die gegenseitige Abhängigkeit voneinander), die Transportkosten usw.. Was geschieht bei einer Missernte, welche Folgen haben Marktveränderungen (wenn andere Länder die gleichen Waren plötzlich billiger anbieten)? Und überhaupt: Wie soll das nötige Gleichgewicht des Warenaustausches entstehen – soll man die Engländer zum teuren Weinkonsum zwingen, auch wenn sie lieber Bier trinken würden?

Bringt die internationale Arbeitsteilung wirklich einen komparativen Vorteil?
Um diese wichtige Frage abschließend zu klären, sollte man ruhig einmal Lehren aus der Geschichte ziehen und die Entwicklung Westdeutschlands nach 1949 betrachten. Die 60jährige Zeitspanne teilt sich in geradezu idealer Weise in zwei eigenständige, gleich große Blöcke. Denn Ende der 1970er Jahre wurde weltweit (ungefragt und unbemerkt von der Öffentlichkeit) ein schwerwiegender Systemwechsel vollzogen: Der Schutz der einheimischen Wirtschaft wurde durch den massiven Abbau der Zölle und Handelsbeschränkungen aufgegeben und damit das Zeitalter des globalen Dumpingwettbewerbs (der Globalisierung) eingeläutet (ganz so, wie es Ricardo 1817 propagiert hatte). Dabei wäre zum Beispiel als Ausgleich für die Aufwertung der DM eher eine Anhebung der Zölle angesagt gewesen.

Was war die Folge? Zwar wuchs die Wirtschaft und die Produktivität auch nach 1980 weiter (wenn auch fortan mit gedrosseltem Tempo) – aber dummerweise kam hinten nichts mehr an (selbst die bescheidenen Wachstumsraten nicht). Die Reallöhne sanken in den drei Jahrzehnten seit 1980 um mindestens 15 Prozent, während sie in der 30jährigen Zeitspanne zuvor (1950-1979) noch um etwa 300 Prozent zugelegt hatten.

Vor 200 Jahren waren die globalen Wettbewerbsbedingungen noch ganz andere ...
Zur Ehrenrettung Ricardos sei eingestanden, dass seinerzeit die gravierenden Lohnunterschiede nicht bestanden (weltweit erhielten die Fabrikarbeiter nur Hungerlöhne).

Bei den krassen Lohnunterschieden von über 1000 Prozent, wie wir sie heute vorfinden, hätte sicher auch Ricardo eine internationale Arbeitsteilung niemals propagiert und im Gegenteil angemessene Importzölle als Grundvoraussetzung für den Erhalt der eigenen Wirtschaftskraft angesehen. Die Kapital- und Globalisierungslobby will von den veränderten Verhältnissen aber nichts wissen, sie beruft sich weiterhin auf Ricardos Uraltthesen – wohl wissend, dass sie davon am meisten profitiert.

Was sind angemessene Importzölle?
Zölle sollen den Welthandel nicht verhindern, sondern in geordnete Bahnen lenken. Importe sind nützlich, um das Leistungsniveau der heimischen Wirtschaft auf Weltniveau zu halten. Aber natürlich müssen die inländischen Produzenten eine faire Überlebenschance behalten. Das bedeutet: Die Zölle müssen so ausgelegt sein, dass die dramatischen Lohnunterschiede von 1000 % und mehr zumindest teilweise ausgeglichen werden. Beispiel: Ein Paar Schuhe kostet hierzulande in der Herstellung 30 Euro, in Asien aber nur 10 Euro (einschließlich Frachtkosten). In diesem Fall würde ich einen Einfuhrzoll von 100 bis 150 % für angemessen halten. Dann hätte der hiesige Schuhfabrikant eine faire Basis, mit den Billigimporten mithalten zu können. Die krassen Preisunterschiede würden verringert, gleichzeitig kann mit den höheren Zolleinnahmen ein Gutteil des Sozialstaates finanziert werden (Senkung der Sozialversicherungsbeiträge).

Eigentlich müsste die Höhe des Einfuhrzolls auf das Lohnniveau des exportierenden Landes ausgerichtet werden (bei Ländern mit ähnlichen Produktionskosten wie in Deutschland wären Zölle überflüssig). Das Problem ist nur, dass die Herkunft einer Ware heute mehr als undurchsichtig ist. Kommen die italienischen Schuhe wirklich aus Italien oder wurden sie in Fernost hergestellt? Wie sollen Produkte eingestuft werden, deren Bestandteile aus Dutzenden von Ländern stammen? Angesichts dieser Schwierigkeiten wird man nicht umhin kommen, branchenbezogene einheitliche Zölle festzulegen. In den Bereichen, wo die deutsche Wirtschaft noch konkurrenzfähig ist (Auto- und Maschinenbau), können die Zölle niedriger ausfallen als in den Bereichen, die Deutschland längst abgeschrieben hat. Die Spielzeug-, Haushaltsgeräte-, Textil- und Unterhaltungselektronik-Industrie braucht hohe Zölle, um wieder auf die Beine zu kommen. Seit 40 Jahren vertreten unsere Regierungen leider die Ansicht, Deutschland könne auf diese Branchen ersatzlos verzichten.

Sind wir noch immer die Herrenrasse?

Nachdem seit Beginn der Globalisierung Anfang der 1980er Jahre die deutschen Reallöhne und Renten um ca. 20 Prozent gesunken sind (trotz Wirtschafts- und Produktivitätswachstums) und das wahre Ausmaß der Massenarbeitslosigkeit nur noch mühsam kaschiert werden kann (durch Frühverrentung, ABM-Maßnahmen, 1-Euro-Jobs usw.), wird noch immer das deutsche Volk beschwichtigt.

Es sei alles im Lot, heißt es von offizieller Seite, allein der EU und Globalisierung verdanken wir unseren Wohlstand (wie entstand er dann zuvor), die internationale Arbeitsteilung funktioniert: „Wir hier in Deutschland werden auch weiterhin die Produkte entwickeln, die dann in Fernost von billigen Arbeitskräften produziert werden".

Ich kann es nicht verhehlen: Ich schäme mich für diese arrogante, abgehobene Einstellung. Haben wir denn so gar nichts aus der Nazidiktatur gelernt, begreifen wir uns noch immer als auserwähltes Volk, als Herrenrasse?

Sind die Väter der Globalisierung Volksverhetzer?

Die asiatischen Völker, allen voran die Chinesen und Inder, lediglich als Fabrikarbeiter zu deklassieren, die nach unseren Ideen und Anweisungen für wenig Geld unsere Konsumartikel herstellen, das ist nicht nur geschmacklos (moderne Sklaverei), es geht auch völlig an der Realität vorbei. Denn schon heute wird in China weit mehr Hochtechnologie erforscht und entwickelt als in unserem kleinen Deutschland. Die Zahl der jährlichen chinesischen Ingenieursabsolventen übersteigt das deutsche Niveau um das Zwanzigfache. Glauben unsere Volksvertreter hierzulande immer noch an den Weihnachtsmann, erwartet man, den Technologievorsprung, der bei uns nur noch in wenigen Ausnahmebereichen vorzufinden ist, auf längere Zeit halten zu können? Die Chinesen als unsere verlängerte Werkbank zu betrachten ist in meinen Augen Volksverhetzung hoch drei. Warum regt sich niemand darüber auf, warum schreitet niemand ein?

Ich kann mir schon denken, warum man diese selbstgefällige Arroganz nicht nur duldet, sondern auch noch pflegt: Die Deutschen sollen auch weiterhin an die Vorteile der zollfreien Grenzen und der daraus resultierenden „internationalen Arbeitsteilung" glauben. Sie sollen nicht aufbegehren, nicht die Globalisierung abschalten wollen, weil das Kapital am globalen Lohn- und Steuerdumping klotzig verdient.

Hochmut kommt vor dem Fall!

Kapitel II

Wirtschaftskrisen als Folge der Ignoranz?

Wirtschaftskrisen brechen nicht wie Naturkatastrophen übers Land hinein. Sie sind vielmehr die Folgen einer ignoranten und inkompetenten Politik. Hintergrund der verhängnisvollen staatlichen Fehllenkungen ist der unstillbare Polit-Aktionismus, ausgelöst durch vollmundige Wahlversprechen.

Im Wahlkampf will sich jede Partei profilieren. Deshalb verspricht sie Wohltaten und Reformen, die verheißungsvoll klingen und die Lebensqualität verbessern sollen. Das Problem: Dem ökonomisch wenig bewanderten Wahlvolk können komplexere weltwirtschaftliche Zusammenhänge während der kurzen Wahlperiode kaum vermittelt werden. Eine solche Aufklärungskampagne käme zu teuer und würde die Parteikassen überstrapazieren.

Deshalb wird im allgemeinen auf intelligente Reformen verzichtet, zugunsten populistischer Wahlgeschenke und Umverteilungen. Es kommt natürlich immer gut an, den Wählern Steuersenkungen, Kindergelderhöhungen, Mindestlöhne und mehr soziale Gerechtigkeit zu versprechen. Als soziale Gerechtigkeit definiert man der Einfachheit halber eine weitere Umverteilungswelle: den Reichen wird genommen, den Armen wird gegeben.

Dass diese überstrapazierte Propagandaformel in einer globalen Welt längst an ihre Grenzen gestoßen ist, wird verschwiegen. Man pflegt das Gutmenschentum (mehr Kitas, mehr Lehrer, mehr Pflege, zusätzliche Aufnahme von Asylanten und Flüchtlingen usw.), ohne ein plausibles Konzept für die nachhaltige Finanzierung und Wirtschaftsentwicklung vorlegen zu können.

Und so verliert sich schließlich alles im heillosen Durcheinander und in ewigen Flickschustereien – man drückt sich vor echten Reformen und Einsichten.

Was nützt es, wenn es angesichts der Billiggeldschwemme in Deutschland momentan besser läuft als in manchen Krisenstaaten? Das rettet in einer völlig verworrenen und verflochtenen EU auch dieses Land nicht vor der sich anbahnenden Katastrophe.

Wie verlaufen Wirtschaftskrisen?

Im Grunde verlaufen Wirtschaftskrisen meistens nach einem ganz bestimmten Schema:

1. Akt: **Die Blase baut sich auf ...**
Durch Fehleinschätzung des Marktes und großzügig vergebene günstige Kredite entsteht eine übertriebene Kauflaune. Weil der Vorgang sich schleichend vollzieht, erkennen viele Käufer nicht, dass die Preise für Immobilien, Aktien, Rohstoffe usw. eigentlich längst über das normale Maß hinausgeschossen sind. Man vertraut allgemein darauf, dass ein seit Jahren anhaltender Trend sich weiter fortsetzt. Im Grunde funktioniert die sich aufbauende Blase wie ein Pyramidenspiel – alles läuft bestens, bis eben eines Tages nicht mehr genug Leichtgläubige nachrücken. Damit ist der Scheitelpunkt der Übertreibung erreicht. Fortan fallen Preise oder Kurse bis zum Tiefpunkt.

Verlierer der Spekulationsblase:
1. Jeder, der zum überhöhten Preis etwas kauft, befindet sich verständlicherweise auf der Verliererseite. Wer 100.000 Euro für ein Haus ausgibt, welches bei einer neutralen Bewertung nur die Hälfte kosten würde, lebt auf einem Pulverfass. Sobald der Markt dreht, verliert er sein Geld.
2. Banken, die bei fallenden Preisen ihre Hypotheken nicht zurückbezahlt bekommen, zählen ebenfalls zu den Verlierern. Leidtragende sind im Besonderen die Bankangestellten und Aktionäre.
3. Die Wirtschaft, der Staat und die Bevölkerung, die nach dem Zerplatzen der Spekulationsblase den geborgten Aufschwung mit einer Rezession bezahlen und evtl. gar noch für die Verluste der Banken aufkommen müssen.

Gewinner der Spekulationsblase:
1. Der Verkäufer, der seine Immobilien (seine Aktien) in der Hochpreisphase noch rechtzeitig abstoßen konnte.
2. Die Banken, die ihr Geschäftsvolumen durch die Kreditexpansion erhöhen können und somit zumindest zeitweise bessere Renditen einfahren.
3. Die Makler und Banker, die durch den Boom satte Provisionen und Boni einstreichen können.
4. Vorübergehend die Wirtschaft und Gesellschaft, denn durch die sagenhafte Vermögensvermehrung wächst die Neigung zu mehr Konsum und zusätzlichen Investitionen.

5. Die Regierung, die mit ihrem inszenierten Aufschwung zunächst bei der Bevölkerung punkten kann und wiedergewählt wird bzw. Zwischenwahlen gewinnt.

Gewinner und Verlierer:
Viele Marktakteure befinden sind sowohl in der Täter- als auch in der Opferrolle. Sie konnten ihr Häuschen zu einem überhöhten Preis losschlagen, haben sich dann aber gleichzeitig von dem Erlös ein größeres Haus zugelegt. Ein netter Gewinn steht somit einem noch höheren Realverlust gegenüber.

Nicht besser ergeht es den meisten anderen Spekulationsgewinnlern. Für die künstliche Wirtschaftsankurbelung und den vorgezogenen Konsum wird erst Jahre später die Rechnung präsentiert. Aber dann haben viele Spekulanten bereits kräftig abgesahnt und Politiker ihre Profilierungssucht ausgelebt (sind wiedergewählt worden).

2. Akt: Das Desaster beginnt:
Wenn nun der überhitzte Markt einbricht und die Immobilienpreise (Aktien) fallen, befinden sich urplötzlich vorher gutsituierte brave Bürger in der Schuldenfalle. Ihre Vermögenswerte schmelzen dahin – die Verbindlichkeiten aber bleiben bestehen und können rasch die Habenseite übertreffen.

Hinzu kommt: Das Platzen der Blasen wird in der Regel ausgelöst durch eine allgemeine Verteuerung der Kredite. Gerade in Ländern, in denen variable Hypothekenzinsen üblich sind (wie in den USA) wirkt sich dies fatal aus: Fallende Häuserpreise gehen einher mit wachsenden monatlichen Belastungen.

Variablen Zins verbieten!
Hypotheken mit variablem Zins gehören meines Erachtens <u>zumindest in Niedrigzinsphasen</u> verboten. Ein variabler Zins ist ein zusätzlicher Spekulationsfaktor, unbedarfte Menschen werden zu Investitionen verführt, die sie bei 10jähriger Zinsfestschreibung nie tätigen würden. <u>Hätte die US-Bank 2006 und 2007 ihre Leitzinsen nicht derart überhastet angezogen, wäre es vermutlich gar nicht zur Hypotheken- und globalen Finanzkrise gekommen.</u>

3. Akt: Die Doppelpackung: Der Zinsanstieg bremst den Konsum, das nachlassende Vermögend-sein-Wohlgefühl ebenfalls.
Wer plötzlich mehr für seine Hypotheken aufbringen muss, kann weniger konsumieren. Und wer feststellt, dass sein vermeintlicher Reichtum sich verflüchtigt und in einen Verlust gewandelt hat, wird sich bei Neuanschaffungen notgedrungen zurückhalten. Damit nimmt nun ein Teufelskreis seinen verheerenden Lauf.

4. Akt: Weniger Konsum bedeutet verschärfte Konkurrenz und Arbeitsplatzverluste...
Wenn der Absatz einbricht, verstärkt sich im Handel und in der Produktion der Verdrängungswettbewerb. Autobauer und Autohändler versuchen dann zum Beispiel, mit Rabattaktionen Kunden doch noch zum Kauf zu animieren. Dadurch sinken überall die Renditen – viele Firmen rutschen trotz aller Anstrengungen in die Verlustzone.

Die Hersteller versuchen in ihrer Not, ihre Zulieferer noch weiter im Preis zu drücken. Der Preisverfall entwickelt sich zur Epidemie – die Wirtschaft rutscht in eine Deflationsphase und die Börsenkurse stürzen weiter ab. Die gedrückte Stimmung, Zukunftsängste und rückläufige Preise verstärken den Trend zur Kaufzurückhaltung (der Kunde hat Angst, zu früh und zu teuer zu kaufen).

5. Akt: Viele Firmen verlieren an Kreditwürdigkeit ...
In schwierigen Zeiten sind Finanzinstitute bei Kreditvergaben zurückhaltender, denn das Ausfallrisiko steigt natürlich. Gleichfalls vorsichtiger werden die Warenkreditversicherer, so dass schwächelnden Firmen die notwendige Waren- oder Rohstoffzufuhr ausgeht und deren Lieferanten manche treuen Kunden verlieren. Wenn die Firmen durch den unerwarteten Absatzstau in ein tiefes Loch fallen, trifft sie ein Kreditentzug doppelt. Wegen des jahrzehntelangen globalen Dumpingwettbewerbs fehlt es ihnen häufig an Rücklagen, mit denen sie Durststrecken überwinden könnten. Eine neue Konkurswelle baut sich auf und die Arbeitslosigkeit nimmt zu.

Andererseits hat dieser Reinigungsprozess auch etwas Positives. Gerade schwächelnde Firmen neigen dazu, sich mit Dumpingpreisen ewig über Wasser zu halten. Firmen, denen das Wasser finanziell bis zum Hals steht, unterbieten fast alles, um den drohenden Konkurs abzuwenden oder hinauszuzögern. Schlechte Zeiten können solche notorischen Preisverderber selten überstehen. Und das ist gut so, denn somit kann sich bei der anschließenden Konjunkturerholung ein allgemein gesünderes Preisniveau entwickeln. Wenn im Handel oder Handwerk Wettbewerber ausscheiden, ist dies oftmals weniger tragisch als allgemein angenommen, denn es kommt in der Regel nur zu einer Verlagerung der Kapazitäten (die gesunden Firmen profitieren von der Verringerung der Konkurrenz).

Anders liegt der Fall im produktiven Gewerbe und in der Industrie. Wenn in diesem Bereich Arbeitsplätze in der Rezession abgebaut werden, gehen sie meistens unwiderruflich verloren. Dann sind nämlich nicht die inländischen Wettbewerber Nutznießer des Reinigungsprozesses, sondern die ausländische Billigkonkurrenz (wegen der fehlenden Zölle).

6. Akt: Leitzinssenkungen und Kreditgarantien ...
Was macht ein Staat, wenn eine Rezession ins Haus steht und die Wirtschaft unter einer restriktiven Kreditvergabe leidet? Natürlich: Es werden zunächst einmal die Leitzinsen

gesenkt und, wenn die Finanzwelt wie 2008 selbst zum Sanierungsfall geworden ist, auch noch großzügige Bürgschaften an die Banken vergeben.

Weder Leitzinssenkung noch Bürgschaften gibt es zum Nulltarif. Wenn eine Notenbank Billigkredite an die Finanzinstitute vergibt, <u>entstehen womöglich hohe Verluste, Marktverzerrungen und neue Spekulationsblasen.</u> Und die Bürgschaften sind nur so lange billig, wie sie nicht in Anspruch genommen werden. Dennoch blieb den meisten Staaten in der aktuellen Krise nichts anderes übrig, als in klassischer Manier zu reagieren.

7. Akt: Staatliche Konjunkturprogramme sollen die Wirtschaft ankurbeln ...
Die Regierungen in den einzelnen Staaten stehen vor einer Herkulesaufgabe – sie sollen den Absturz der Wirtschaft und eine aufkeimende Depression verhindern, obwohl (wegen der Globalisierung) Kommunen, Bundesländer und Staaten bereits hochverschuldet sind und <u>selbst in besseren Zeiten ausgeglichene Staatshaushalte nicht hinbekommen.</u>

Der Staat kann somit beim Konjunkturprogramm nicht klotzen, sondern nur noch kleckern. Wenn Leitzinssenkungen und Kreditbürgschaften nicht ausreichen, um den Abschwung zu beenden, sind weitere Maßnahmen notwendig.

Vor allem aber Länder mit einer hohen Importquote sitzen in der Falle. Würde in Deutschland zum Beispiel der Konsum über Gutscheine oder Steuernachlässe angekurbelt, müsste damit gerechnet werden, dass etwa 80 Prozent des so in den Markt gepumpten Geldes letztlich im Ausland landet (Kauf von Importwaren), gespart wird oder der Schuldentilgung dient. Wer sich fragt, warum Deutschland im Gegensatz zu manch anderen Staaten sich bei der direkten Konsumankurbelung auf Pump zurückhielt, sollte diesen gravierenden Unterschied bedenken.

Wenn Deutschland als Import-Vizeweltmeister (nur die USA mit vierfacher Einwohnerzahl importieren noch mehr als Deutschland) sein Pulver (seine Geldmittel) zu schnell verschießt, kann das böse Folgen haben. Exportnationen wie Deutschland sollten deshalb zunächst einmal in die eigene Infrastruktur investieren, also mehr Geld ausgeben für den Straßenbau, die Sanierung öffentlicher Gebäude usw.. Diese Einseitigkeit hat allerdings den Nachteil, dass einige notleidende Branchen damit nicht erreicht werden.

Was hat die Globalisierung mit der prekären Finanznot der Staaten zu tun?
Es ist ganz einfach: Die Umkehr vom üblichen Zoll-Protektionismus zum Subventions-Protektionismus macht die Staaten arm und das Kapital und die Konzerne zu den Herrschern der Welt. Anstatt Geld einzunehmen (Zölle) müssen Subventionen gezahlt und Steuernachlässe gewährt werden, um noch schlimmere Produktionsauslagerungen ins Billigausland zu vermeiden. Außerdem wächst in den Industrieländern seit 30 Jahren (also seit Beginn der Globalisierung) der Wohlstand nicht mehr (was sich naturgemäß

22

auch auf die Steuereinnahmen auswirkt).

Zwar steigt auch weiterhin die Produktivität (wegen des technischen Fortschritts), aber weder Staat noch Bevölkerung profitieren davon – weil das Geld in unkontrollierbare dunkle Kanäle fließt (bei Spekulanten und in Steueroasen landet).

8. Akt: **Was tun, wenn alle Anstrengungen nicht ausreichen?**

Ob die Maßnahmen der Regierungen greifen, lässt sich in einem nahezu unüberschaubar vernetzten Weltmarkt seriös kaum vorhersagen (weil die Bedingungen in jedem Land anders sind und niemand weiß, wie sich die unterschiedlichen Hilfsprogramme und globalen Verflechtungen letztlich auswirken und wann sich das Konsumverhalten wieder normalisiert).

Der Staat kann also nur abwarten in der Hoffnung, dass das Notprogramm ausreichend und der Spuk bald vorüber ist. Nur bei aktuell aufkommenden Schwierigkeiten und sich abzeichnenden Fehlentwicklungen wird er noch eingreifen.

Aus der Not eine Tugend machen ...

Deutschland (und andere Länder natürlich auch) hätten in dieser Notlage die Möglichkeit, gleich zwei Fliegen mit einer Klappe zu schlagen. Würde hierzulande eine Mehrwertsteuererhöhung um 3 oder 4 % angekündigt, hätte dies eine belebende Wirkung, weil manche Anschaffungen vorgezogen würden. Voraussetzung wäre, dass die Mehrwertsteuereinnahmen sinnvoll eingesetzt werden, nämlich zur Abschaffung der Beiträge zur *Pflegeversicherung* und der *GEZ-Gebühren* (dies brächte gleich mehrere Vorteile...).

9. Akt: **Was tun, wenn Haushaltsdefizit und Staatsverschuldung weiter anwachsen?**

Wegbrechende Steuereinnahmen und teure Konjunkturprogramme stellen den Staat vor immer größere Finanzierungsprobleme. Wenn die Krise anhält und die Konjunktur nicht anspringt, wird es wirklich eng.

Dann bleiben dem Staat eigentlich nur noch unpopuläre Notmaßnahmen: Steuererhöhungen und/oder Ausgabenkürzungen. Beide Maßnahmen führen nicht nur zur Verringerung der Kaufkraft (wirken also wirtschaftshemmend), sie werden auch von den Betroffenen selten widerstandslos hingenommen. Aufruhr und Proteste seitens der Bevölkerung könnte der Krise neue Nahrung liefern.

In der allergrößten Not wäre noch eine dritte Problemlösung denkbar: Der Staat könnte die Notenpresse anwerfen und sich dadurch entschulden. Doch eine solche Geldvermehrung wäre äußerst riskant und könnte leicht außer Kontrolle geraten. Die Inflationsrate könnte mittelfristig ansteigen und die Kosten für die staatlichen Zinsaufwendungen beträchtlich erhöhen. Das Haushaltsloch würde somit größer, so dass der Staat womöglich immer mehr Geld nachschießen muss. Wie eine solche Geldentwertung zur Hyperinflation ausarten kann, hat Deutschland in den Jahren 1921 bis 1923 durchlebt. Damals waren die Besitzer von Geldvermögen und Staats- und Kriegsanleihen die großen Verlierer – wer Schulden hatte, zählte zu den Gewinnern.

Für die Euro-Staaten scheint ohnedies eine Schuldentilgung über die Notenpresse fragwürdig, weil eben die einzelnen Staaten über keine eigene Währung mehr verfügen und eine gemeinsame Aktion den unterschiedlichen Interessen nicht gerecht würde.

Eigentlich gibt es sogar noch einen vierten Lösungsansatz. Der Staat könnte die weitere Verschuldung in Kauf nehmen in der Hoffnung, dass irgendwann die Konjunktur doch noch anspringt. Aber auch diese Idee birgt große Gefahren. Denn es gilt: Je höher die Staatsverschuldung, desto geringer das Vertrauen der Geldgeber – die Zinslast für den Staat steigt. Ausufernde Staatsverschuldungen erweisen sich zudem als schwere Hypothek für die Zukunft, der Gestaltungsspielraum engt sich ein, das Vertrauen in den Staat und seine Volkswirtschaft lässt nach, Leistungsträger verlassen das Land. Denn alle wissen: Am Ende droht bei zu hoher Staatsverschuldung doch wieder die Entschuldung über die Notenpresse.

10. Akt: Wenn alle Dämme brechen hilft nur noch der Protektionismus ...
Zölle wurden massiv von der Kapitallobby schlechtgeredet, weil sie deren Machtbasis untergraben. Dabei wurden in der Vergangenheit große Weltkrisen (die durch einen vorhergegangenen starken weltweiten Dumpingwettbewerb, Verflechtung der Finanzmärkte und Spekulationsblasen entstanden), durch eine Renaissance der Zollgrenzen behoben (auch wenn die Kapitallobby diese Tatsache nicht wahrhaben will).

Es wird auch in der aktuellen Krise der letzte Rettungsanker sein. Sollten alle Anstrengungen nichts nützen, werden trotz aller heiligen Schwüre viele Länder sich doch wieder an dieses alte Erfolgsrezept erinnern und die Zölle anheben. Zuvor könnten manche Staaten jedoch auch versuchen, über ein Währungsdumping ähnliche protektionistische Ziele zu erreichen, was aber weit mehr Nachteile brächte (siehe Seite 30).

11. Akt: In einem überschaubaren Binnenmarkt kann sich die Wirtschaft erholen ...
Wird die eigene Wirtschaft vom brutalen globalen Dumpingwettbewerb abgekoppelt, kann sie endlich wieder frei durchatmen und genesen. Angemessene Importzölle, die den Welthandel ja nicht unterbinden, sondern lediglich die größten Wettbewerbsverzerrungen ein wenig ausgleichen, erlauben vielen Unternehmern, auch bei höheren Löhnen und Steuern als in Asien ihre Produktion aufrechtzuerhalten oder gar neu aufzubauen.

Bei angemessenen Zöllen als wirkungsvolle Schutzbarriere gegen das globale Lohndumping greifen auch verbraucherfreundliche Konjunkturmaßnahmen besser. Werden in einem zollfreien Markt Steuern gesenkt und der Konsum angekurbelt, verliert sich die Anschubwirkung weitgehend, weil das zusätzliche Geld häufig nur dem Kauf weiterer Importprodukte dient. Eine Importnation wie Deutschland stimuliert mit einer Lohnsteuersenkung also hauptsächlich die ausländische Konkurrenz.

„Höhere Zölle machen doch alles teurer ...“

Wir alle kennen die Primitiv-Propaganda, wonach eine Anhebung der Zölle die Waren verteuert und damit den Wohlstand mindert. Dabei ist das genaue Gegenteil der Fall: Höhere Zölle sichern der heimischen Wirtschaft das Überleben und erhalten und schaffen Arbeitsplätze. Die Unabhängigkeit vom globalen Dumpingwettbewerb erlaubt eine Lohn- und Rentenentwicklung entsprechend dem Produktivitätszuwachs – der Wohlstand wächst, auch wenn vielleicht eine Reihe von Importwaren teurer werden.

Der regulierende Zoll erlaubt unserer Wirtschaft eine Produktionsaufnahme selbst in den Bereichen, die schon vor langer Zeit in Deutschland „ausgerottet“ wurden und hochnäsig als zu simpel für unsere „Herrenrasse“ eingestuft wurden (Bekleidung, Computer, Handys, Haushaltsgeräte, Büromaschinen usw.). Und außerdem: Die höheren Zolleinnahmen stellen keine zusätzliche Belastung für die Bürger dar, weil dafür an anderer Stelle Steuern und Sozialversicherungsbeiträge gesenkt werden können.

12. Akt: Es folgen falsche Schuldzuweisungen ...

Nach geglückter Rettungsaktion, einer Normalisierung der Wirtschaft und nach einer Phase steigenden Wohlstands, verbunden mit einer kontrollierbaren und überschaubaren Finanz- und Wirtschaftswelt, wird die Kapitallobby wie gehabt die Schuld für die überwundene Weltwirtschaftskrise dem Protektionismus (den Zöllen) anlasten. So wie es auch nach den Krisen in den 1870er und 1930er Jahren der Fall war. Wieder wird der Spieß umgedreht werden und die Zölle, die das desolate Wirtschaftsgefüge entflochten und die verzerrten Märkte beruhigt und geheilt haben, von der Kapitallobby als Teufelswerk verurteilt werden. Und dann geht wieder alles von Neuem los: Mit allen legalen und illegalen Mitteln (Propaganda, Korruption, Bestechung) wird eine neue Freihandelsrunde eingeläutet werden, so als ob man aus den alten Krisen nie etwas gelernt hätte.

Warum das so ist, liegt auf der Hand (siehe „kapitalistisches Ermächtigungsgesetz“ auf Seite 68).

Zu den kursiv dargestellten Begriffen gibt es im Internet ausführlichere Abhandlungen unter www.das-kapital.eu/band2.html

Kann der Subventions-Protektionismus die Welt wirklich retten?

Die Hochlohnländer haben, vermutlich auf Druck des Großkapitals (kapitalistisches Ermächtigungsgesetz, s. S. 68), im Laufe der drei vergangenen Jahrzehnte die Einfuhrzölle kräftig herabgesetzt oder gar ganz aufgehoben. Dieser Liberalismus entfesselte erwartungsgemäß den weltweiten Dumpingwettbewerb – eben was wir heute als Globalisierung bezeichnen. Dass der Verzicht auf angemessene Einfuhrzölle für die Hochlohnländer auf Dauer nicht gutgehen konnte, weil nun einmal der Kostenabstand zu den Billiglohnländern viel zu gewaltig war, dürfte schon damals den verantwortlichen Staatsmännern und Regierungen durchaus bewusst gewesen sein. Damit nun nicht alle Produktionsbereiche in den alten Industriestaaten allmählich verlorengehen, wurde mit großzügigen Investitionszuschüssen und Unternehmenssteuersenkungen gegengelenkt (auf Kosten der Steuerzahler). Eine äußerst fragwürdige Politik, die natürlich vor allem einen einwanderungsoffenen Sozialstaat wie unsere Bundesrepublik langfristig finanziell in die Knie zwingt und reale Lohnzuwächse nicht mehr zulässt (siehe Seite 8).

Konnten die Subventionen die gefährdeten Branchen vor ihrem Aus bewahren?
Schon frühzeitig haben die verantwortlichen Politiker im Einklang mit den professionellen Meinungsmachern (den Medien) vorgebaut und eingeräumt, dass die arbeitsintensiven „einfachen" Produktionsbereiche für die alten Industrienationen nicht haltbar seien und die Hochlohnländer sich tunlichst anspruchsvolleren Aufgaben zuwenden sollten. Besonders in Deutschland sah man mit unverhohlener Arroganz Asien als verlängerte Werkbank und sich selbst als Ideenschmiede der Welt (die neue Form der „Herrenrasse"-Ideologie, siehe Seite 17).

Man hat also die Bevölkerung darauf eingestimmt, dass deutsche Arbeitnehmer für die Herstellung von Textilien, Bekleidung, Schuhen, Spielzeug usw. zu Schade seien. „Auf solche Branchen könne und müsse man verzichten, um sich voll und ganz den High-Tech-Bereichen widmen zu können", hieß es unisono.

Man setzte hartnäckig auf teure Bildungsoffensiven, erhöhte drastisch die Zahl der Akademiker und Ingenieure – aber ohne jeden Erfolg, denn die Realnettolöhne und Renten sinken trotzdem seit 1980 (bei stetig steigender Produktivität).

Zahlreiche Hochqualifizierte finden keinen Job und viele Akademiker verdienen heute weit weniger als vor 30 Jahren ein gewöhnlicher Facharbeiter (mit einfachem Hauptschulabschluss). Trotz allem verwirrt man das Volk bereits wieder mit einer absurden Debatte über einen angeblich vorhandenen *Fachkräftemangel*.

Leider hat man bei der Verschmähung der für unsere eigene Grundversorgung eigentlich unentbehrlichen „niederen" Branchen übersehen, dass nur ein bestimmter Prozentsatz der Bevölkerung über die geistigen Gaben und die sozial geordneten familiären Rückhalte verfügt, die für die Erlangung eines <u>anspruchsvollen</u> Studienabschlusses nahezu unabdingbar sind. Ein großes Land benötigt nun einmal überwiegend Arbeitsplätze für die Masse der durchschnittlich Begabten – selbstverständlich auch für die Abgänger der Real- und Hauptschulen. Es ist purer Wahnsinn (und ein Verbrechen gegen die Menschlichkeit), gerade solche dringend benötigten Jobs ins Ausland zu verdrängen, nur weil man meint, auf Importzölle verzichten zu müssen (Subventions-Protektionismus statt Zoll-Protektionismus).

Selbst die High-Tech-Branchen sind über Subventionen nicht zu halten!
Aber selbst wenn man hochnäsig die „niederen" Branchen endgültig abschreiben würde (wie leider bisher geschehen) – was bleibt dann übrig von den hochgelobten und hochsubventionierten High-Tech-Branchen?

Die Billiglohnkonkurrenz aus dem Ausland hat längst auch die Hausgeräte- und Büromaschinen-Industrie heimgeholt. Selbst für Fernseher, Kameras, Computer, Navigationsgeräte und andere High-Tech-Produktionsfelder erweist sich Deutschland (und die westliche Welt) als ein zu teurer Produktionsstandort.

Mit hohen Investitionszuschüssen hat man zum Beispiel versucht, eine Handyproduktion aufrechtzuerhalten – zumindest ein kleiner Teil der Zigmillionen jährlich benötigten Handys sollten aus eigenen Landen stammen. Was ist daraus geworden? Nur zwei Kilometer von meinem Schreibtisch entfernt hat Motorola sein Handywerk geschlossen (es steht jetzt leer). Vor einiger Zeit waren hier noch 3000 Mitarbeiter beschäftigt. Den Nokia-Angestellten in Bochum ging es kaum besser.

Dabei kann man den Herstellern ihre Verlagerungen ins Ausland nicht einmal verdenken. Der Weltmarkt ist knallhart, wer zu teuer produziert oder zu wenig Rendite erwirtschaftet, kann die Globalisierungs-Ära nicht überstehen. (Gäbe es wirksame Importzölle, wären auch für die Global Player der Erfolgs- und Konkurrenzdruck und die Gefahr einer feindlichen Übernahme deutlich geringer).

Warum soll der Subventions-Protektionismus so viel besser sein als der Zoll-Protektionismus, wo doch Subventionen Unsummen verschlingen, während Zölle dem Staat hohe Einnahmen bescheren (die zur Finanzierung des Sozialstaates beitragen und somit die Lohnnebenkosten senken).

Der falsche Weg

Am Beispiel der Energieproduktion zeigen sich die Schwächen einer maßlosen Subventionspolitik!

Das Ziel ist klar: Die Menschheit muss abrücken von der Verschwendung fossiler Brennstoffe und sich auf erneuerbare Energien einstellen. Doch wie wird dieses Ziel am besten erreicht? – Es bieten sich zwei grundsätzliche Lösungsansätze: **Man fördert entweder über Steuergelder die gute Sache** (also die erneuerbaren Energien) **oder aber man verteuert über Steuern die schlechte Sache** (die Vergeudung der fossilen Brennstoffe).

Was also nun ist besser, was führt schneller und billiger zum Ziel?
Das Erstaunlichste ist, dass diese zukunftsrelevante Frage kaum ernsthaft gestellt wird und damit <u>die Prinzipien der Marktwirtschaft wieder einmal weitgehend ignoriert werden.</u> Der natürliche Vorgang wäre doch, auf Subventionen tunlichst zu verzichten und die Neben- und Folgekosten beim Verbrauch fossiler Brennstoffe über Steuern einzupreisen. Marktwirtschaft kann nun einmal nur funktionieren auf Basis ehrlicher Berechnungen. Also müssen Umwelt-, Gebäude- und Gesundheitsschäden, die fossile Brennstoffe bei ihrer Verbrennung unbestritten hervorrufen, auf die Preise umgelegt werden. Das Gleiche gilt fürs Uran, auch hier müssen alle Folgekosten wie die der Endlagerung und evtl. Sicherheitsrisiken (Tschernobyl) beim Strompreis eingebunden werden.

Würde man derart marktwirtschaftlich verfahren, würde sich der Preis für alle konventionellen Energieträger zumindest verdoppeln. Diese steuerlichen Mehreinnahmen könnten zur Senkung der Krankenversicherungsbeiträge verwendet werden (<u>so dass die tatsächlichen Lebenshaltungskosten nicht steigen</u>).

Die drastische Verteuerung fossiler Brennstoffe macht im Gegenzug die teure Subventionierung alternativer Energien überflüssig. Fallen die staatlichen Förderungen weg, bringt dies einen entscheidenden Vorteil: Das beste Produkt, also die effizienteste Energiegewinnung, <u>setzt sich ganz automatisch durch</u>.

Die absurde Forcierung des Biosprits aus Rapsöl würde dann ganz von allein beendet. Solar- und Windenergie würden sich nur in der Form entwickeln, wie es kaufmännisch sinnvoll wäre. Bei ehrlichen Preisen würden bei der Solar- und Windenergie deren Schattenseiten deutlicher hervortreten – zum Beispiel deren Unbeständigkeit. Sonnen- und Windenergie sind nur grundlastfähig in einem großen, aufwendigen Verbundsystem mit entlegenen Speicherstationen (Staudämmen mit Wasserpumpanlagen). Billionen Euro müssten langfristig in Europa allein für überdimensionale Überlandstromleitungen und Staudämme aufgewendet werden, die diese Energie fast unbezahlbar machen.

Würden die subventionsbedingten Lenkungsfehler wegfallen, würden sich vermutlich eher Biogasanlagen (die zum Teil mit Pflanzenabfällen und Gülle betrieben werden) durchsetzen. Denn auf deren Energieleistung ist Verlass und die Anlagen können zudem in kleinen Einheiten in Verbrauchernähe angesiedelt werden (benötigen also keine großen Überlandleitungen). Desgleichen gilt für zahlreiche kommunale Energiekonzepte, Blockheizkraftwerke usw., die schon heute erfolgreich betrieben werden.

Das freie Spiel der Kräfte ermöglicht auch einen weitgehenden Verzicht auf drangsalierende Energiespargesetze. Der Preis richtet es ganz von allein! Jeder Hausbesitzer kann sich selbst ausrechnen, ob zum Beispiel eine zusätzliche Wärmedämmung sich auszahlt und jeder Autofahrer wird sich sehr gut überlegen, ob beim nächsten Autokauf der Benzinverbrauch nicht doch wichtiger ist als die PS-Zahl oder ob gar ein Elektroauto sich rentiert.

Werden die Weichen bei der Energiegewinnung falsch gestellt, was nahezu bei der Austricksung der Markwirtschaft (der Subventionierung) unvermeidlich ist, so wird auch dies Wirtschaftskrisen heraufbeschwören. Denn der globale Wettkampf bestraft grobe Fehlinvestitionen mit dem Verlust der Wettbewerbsfähigkeit.

Die EU-Bürokraten sind derweil wieder dabei, entgegen jeder marktwirtschaftlichen Vernunft ihren Mitgliedsstaaten neue Bedingungen zu diktieren. Sie wollen ein europaweites Verbundnetz mit den Schwerpunkten Solar- und Windenergie vorschreiben. Dabei könnten sie gerade in dieser wichtigen Angelegenheit einmal etwas wirklich Positives bewirken – indem sie europaweit einheitlich hohe Steuersätze auf fossile Energieträger festsetzen (damit es nicht zu einem europäischen Unterbietungswettbewerb und Schmarotzertum im Energiebereich kommen kann). Es ist meines Erachtens zum Beispiel ein Unding, wenn ein kleines Land wie Luxemburg mit seinem Billigsprit zum Benzintourismus geradezu einlädt. In Luxemburg tanken und in den Nachbarländern die Straßen abnutzen und verqualmen – ein solches Parasitentum kann nicht funktionieren.

Subventionen bedeuten letztlich Willkür und Planwirtschaft.
Ein Umstand, der wiederum Wirtschaftskrisen heraufbeschwört.

Statt ehrlicher Zölle jetzt Währungsdumping?

Es gab Zeiten, da waren die Staaten stolz darauf, wenn sie mit einer starken Währung glänzen konnten. Sie brachte dem Staat große Vorteile, denn die Wirtschaft und die Bevölkerung konnten ausländische Güter (auch Rohstoffe) zu günstigen Preisen einkaufen. Alle Staaten waren also darauf bedacht, das Ansehen ihrer Währung nicht zu gefährden und mühten sich, Haushaltsdefizite und Staatsschulden tunlichst zu vermeiden. Sie verzichteten auch darauf, durch das Anwerfen der Notenpresse oder zu hohe Geldmengen das Vertrauen in die eigene Währung aufs Spiel zu setzen.

Was waren doch das noch für herrliche Zeiten! Heute läuft der Hase anders herum. Manche Staaten scheinen geradezu eine Lust zu verspüren, ihre eigene Währung zu schädigen. Sie versprechen sich dadurch Marktvorteile. Ihr Kalkül: Je schwächer die eigene Währung, desto besser sei dies für die heimische Industrie (Exporte werden dadurch billiger, Importe teurer). Angesichts dieser verqueren Logik verschärft sich das ohnehin schon lang praktizierte Währungsdumping. Einstige geldpolitische Tugenden werden vernachlässigt, weil eine zu starke Währung die heimische Produktion verteuert und die Industrie an Wettbewerbsfähigkeit verliert. So darf man sich nicht wundern, wenn selbst in besseren Konjunkturzeiten Haushaltsdefizite in Kauf genommen werden.

Was ist besser: Währungs-Protektionismus oder Zoll-Protektionismus
Im Grunde genommen wirkt eine stark unterbewertete Währung <u>wie ein mächtiger Schutzzoll</u>, denn sie verteuert die Importe. Viele Währungen sind derart krass unterbewertet, dass eingeführte Waren um ein Vielfaches teurer kommen als vergleichbare inländische Produkte. Aber die Dumpingwährung verdrängt nicht nur Importe, sie fungiert auch als gewaltige Exportsubvention, denn sie reduziert dramatisch die Produktionskosten. Leidtragende beim Währungsdumping ist die eigene Bevölkerung, die um angemessene Reallöhne betrogen wird.

Ein ehrlicher Zoll weist diesen Nachteil nicht auf. Er schützt zwar auch die eigene Industrie vor dem globalen Verdrängungswettbewerb, aber dies geht eben nicht auf Kosten der Arbeitnehmer. Völlig abartig und inkonsequent scheint mir deshalb, <u>den Zoll als protektionistisch zu ächten, das viel üblere Währungsdumping aber zu dulden</u>.

Wie sehr ist der chinesische Yuan unterbewertet?
Allgemein sprechen Experten von einer 20- bis 30prozentigen Unterbewertung des Yuan. Dabei ist mir völlig unklar, wie man auf einen derart niedrigen Wert kommen kann. Denn die Lebenshaltungskosten (im unteren Bereich) sind in den alten Industrienationen

etwa um den Faktor zehn höher als in China. Welche fünfköpfige Familie könnte in Deutschland oder Frankreich von 100 oder 200 Euro im Monat leben, selbst bei äußerster Bescheidenheit? Lebensmittel, Mieten, Strom, Dienstleistungen, Kleidung, Haushaltsbedarf – überall bestehen riesige preisliche Diskrepanzen. Wer bekommt hierzulande für 20 Cent seine Haare geschnitten? Warum macht man sich also etwas vor, warum verniedlicht man das Problem? Der Yuan (und viele andere Dumpingwährungen) müsste nicht um 30 Prozent, sondern mindestens um 100 oder gar 200 Prozent aufgewertet werden (natürlich schrittweise, um etwaige Anpassungsschwierigkeiten zu vermeiden). Sehr aufschlussreich ist in dieser Beziehung auch Chinas Jahreseinkommen pro Kopf: Unter Berücksichtigung der Kaufkraftparitäten ist es viermal höher als rein rechnerisch.

Belohnung der Unmoral!

Wie weit soll das Währungsdumping noch getrieben werden? Ist es nicht makaber, wenn überbordende Staatsschulden und unsolide Finanzierungssysteme (Aufkauf der Staatsanleihen durch die Notenbanken), hohe Bürgschaften für Banken und in Not geratene Staaten den Wert einer Währung niederdrücken und eine exportorientierte Wirtschaft darüber jubelt? Wann begreift man endlich, dass eine derart pervertierte Globalisierung zwangsläufig in den Abgrund führt?

Ein gesunder Binnenmarkt schützt vor der globalen Katastrophe ...

Dass heutzutage Wirtschaftskrisen sich in Windeseile weltweit ausbreiten, liegt hauptsächlich an der überdimensionierten Verflechtung der Wirtschaft und Finanzen. Wäre eine Volkswirtschaft weitgehend autark und würde sich der Außenhandel auf das Notwendige und Nützliche beschränken, wäre eine Ansteckungsgefahr gering. Gäbe es nicht die völlig überflüssige globale Abhängigkeit, hätte auch die amerikanische Immobilienblase die anderen Staaten wenig tangiert. Den deutschen Banken wäre nicht einmal im Traum eingefallen, dubiose amerikanische Hypothekenpakete aufzukaufen. Und eine vornehmlich auf den Binnenmarkt ausgerichtete Industrie hätte auch wenig geschert, wenn vorübergehend der Export in die USA eingebrochen wäre. Ebenso wären auch alle anderen autarken Staaten von den amerikanischen Problemen kaum betroffen gewesen. Die Krise hätte sich nicht zur globalen Pandemie entwickeln können und somit hätten IWF und die G20 den USA in der Not leicht helfen können (falls erforderlich).

Aber soweit wäre es ja nicht einmal gekommen, denn auf sich allein gestellt hätten die USA sicher auch keine Währungsdumpingpolitik betrieben. Sie hätten in einem gesunden Binnenmarkt es niemals nötig gehabt, die Konjunktur über eine unseriöse Billiggeldschwemme der Notenbank anzukurbeln. Die Spekulationsblasen (Aktien und Immobilien) wären also nicht entstanden.

Wie bekämpft man das Währungsdumping?

Die künstlich erzeugte Aversion gegen ehrliche Zölle hat die globalen Handelspartner in einen abstrusen Währungswettbewerb getrieben. Ein Staat, der bei diesem Abwertungsgerangel nicht mitspielt, ist zum Untergang verdammt. Ein Ausweg aus dieser perfiden Zwickmühle bietet nur die Rückbesinnung auf zollähnliche Strukturen. Wird die heimische Wirtschaft ausreichend über Importsteuern geschützt, kann das Währungsdumping anderer Länder kaum noch Schaden anrichten.

Brauchen wir ein neues Weltwährungssystem?

Experten trauern dem Währungssystem von Bretton Woods nach, das 1944 beschlossen wurde und bis 1971 funktionierte. Danach konnten die USA den Goldstandard (der den Umtausch von Dollar in Gold garantierte) nicht halten und mussten ihre Währung freigeben. Dies führte zur Dollarabwertung und Disziplinlosigkeit bei der Haushaltsführung (es war jetzt viel leichter, neues Geld zu drucken).

Finanzgurus fordern mittlerweile angesichts des kaum kontrollierbaren Geldmengenwachstums und der Staatsschuldenkrisen ein neues Weltwährungssystem, möglichst mit garantiertem Goldstandard. Aber eine internationale Einigung scheint schier unmöglich, weil eben die Interessenlagen höchst unterschiedlich sind (Länder mit stark unterbewerteter Währung möchten ihre Wettbewerbsvorteile nicht aufgeben).

Dabei wäre ein neues Weltwährungssystem durchaus entbehrlich. Einem Staat, dessen Wirtschaft weitgehend den eigenen Binnenmarkt befriedigt (also nicht exportabhängig ist), brauchen die Dumpingwährungen der anderen kaum aufregen. Der Zoll verhindert, das unseriös billige Importe die eigene Industrie zerstören. Da kann ein Konkurrenzstaat seine Währung noch so runterknüppeln – es bringt ihm nichts, weil der Zoll die Dumpingvorteile wieder ausgleicht. Und wenn die eigene Währung weitgehend unabhängig ist vom globalen Wettkampf, braucht sich die Regierung auch nicht über die Nachteile einer Aufwertung Gedanken machen – sie kann die Staatsverschuldung herunterschrauben ohne befürchten zu müssen, die eigene Wirtschaft könnte unter der starken Währung zu sehr leiden.

Die richtige Anwort auf das Währungsdumping kann also nicht darin bestehen, bei diesem gefährlichen Höllenritt mitzumachen – die marktgerechte Reaktion auf das Währungsdumping wären Zollanhebungen, denn die würden am ehesten Perversion und Schmarotzertum beenden (und erzieherisch wirken).

Wann wird das volle Ausmaß des Währungs-Protektionismus endlich eingestanden? Wann wird zugegeben, dass ehrliche Zölle weit besser sind als das Währungsdumping?

Die teuflische Rolle der Zentralbanken ...

Eine zentrale und besonders heikle Rolle spielen im modernen Turbokapitalismus die Zentral- und Notenbanken. Diese Institutionen haben das Recht, quasi aus dem Nichts heraus Geld zu erfinden und es den Geschäftsbanken weiterzuverleihen. Die Zentralbanken steuern also die Geldmenge, sie sorgen für Liquidität, falls man es unbedingt positiv ausdrücken möchte.

Doch nach meinem Empfinden wird mit dem Instrument der Zentralbanken das kapitalistische System gehörig unterwandert. Denn die Zentralbanken treten quasi als Konkurrenz zu anderen Geldgebern auf. Es ist kein Kunststück, hohe Milliardenbeträge zu einem Jahreszins von 0,25 Prozent zu vergeben, wenn man kein „echtes" Geld dafür einsetzen muss, es sogar nicht einmal mehr zu drucken braucht. Es genügt die elektronische Geldanweisung von einem imaginären Konto, auf denen sich gar keine Einlagen befinden.

Die Zentralbank zerstört das natürliche Spiel der Kräfte!
Nehmen wir als Beispiel Otto Normalbürger, der sich nach einem langen Arbeitsleben 50.000 Euro zusammengespart hat. Wenn den Zentralbanken auferlegt würde, nur noch mit realem Geld zu dealen, wären die Spargelder der Bevölkerung ein begehrtes Gut. Selbst ein Sparbuch mit dreimonatiger Kündigungsfrist könnte eine satte Rendite einfahren (vielleicht drei Prozent über der Inflationsrate).

Das Recht der Zentralbanken, Geld zu „erfinden" und es konkurrenzlos billig zu verleihen, führt zu einer absurden Konkurrenzsituation. Das ehrlich verdiente „echte" Geld der Sparer ist wenig gefragt und wirft keine Rendite mehr ab, wenn die Zinsen sich noch unterhalb der Inflationsrate bewegen. Seit Jahren bringt eine Spareinlage mit einjähriger Bindung in Deutschland gerade einmal 1,4 Prozentpunkte (Durchschnittswert), die dann auch noch versteuert werden müssen. Bei dieser Gelegenheit sei angemerkt: Ich halte es für unverfroren, wenn der Sparer auf seine realen Verluste auch noch Steuern entrichten muss. Eigentlich müsste doch die Geldentwertung bei der Steuerberechnung berücksichtigt werden. Wenn jemand zum Beispiel auf seine Spareinlagen 2500 Euro Jahreszins erhält, sein Kapital aber inflationsbedingt 3000,- Euro an Wert verloren hat, muss dieser arme Wicht doch nicht noch mit Steuern bestraft werden.

Das künstlich generierte Billiggeld der Zentralbanken nährt die Spekulation!
Weil die normalen sicheren Spareinlagen inflationsbereinigt an Wert verlieren, kommt es folgerichtig zu einer Überhitzung an vielen Spekulationsmärkten. Der frustrierte Spa-

rer sieht sich genötigt, sein Kapital in Aktien, Immobilien, Rohstoffen oder Fremdwährungen anzulegen. Nach dem gleichen Muster der Kleinsparer handeln auch Großanleger. Auch sie wollen sich nicht mit der schleichenden Entwertung ihres Vermögens abfinden und suchen daher renditeträchtigere (spekulative) Investitionen. Dies nährt dann die Hedgefonds und ähnliche Abartigkeiten, die den Kapitalismus so richtig aufmischen.

Das billige Spielgeld der Zentralbanken fördert die Ineffizienz!

Wenn die Zentralbanken pausenlos billiges Geld in den Wirtschaftskreislauf pumpen, geht letztlich auch jegliche Moral und Rentabilitätsrechnung verloren. Es fließt massenhaft Geld in Projekte, die sich bei nüchterner Betrachtung (und wenn es nur ehrliches „echtes" Geld geben würde), gar nicht lohnen würden.

Der Gigantismus in Dubai und die Geisterstädte in Spanien und den USA offenbaren, wie der von den Zentralbanken entfachte Turbokapitalismus die Regeln der Vernunft auslöscht. Überall torpediert das Billigkapital die Gesetze der freien Marktwirtschaft. Leichtfertig vergebene Billigkredite ermöglichen arbeitsplatzvernichtende Automatisierungen, die unter realen Marktgesetzen völlig indiskutabel wären. Ob vollautomatische Fabrikanlagen, riesige Einkaufspaläste oder tollkühne Wolkenkratzer – immer fuscht das Spielgeld der Zentralbanken dazwischen und führt bodenständige Effizienzrechnungen ad absurdum.

Entzieht den Zentralbanken das Recht, Geld zu erfinden ...

Muss es überhaupt Zentralbanken geben, die nach eigenem Ermessen Geld in unbegrenzter Höhe erfinden (= drucken), verleihen und wieder einsammeln können? Die dann auch noch das Recht haben, die Zinssätze (Leitzinsen) selbst festzulegen? Ist es gut und richtig, dass Zentralbanken das normale Zinsniveau durcheinanderwirbeln und damit der Spekulation Tür und Tor öffnen? Ist es zum Beispiel wirklich der Weisheit letzter Schluss, den Geschäftsbanken für 0,25 Prozent Jahreszinsen hohe Milliardenbeträge auszuleihen, damit diese dann das Geld an den Rohstoffmärkten oder in Staatsanleihen anlegen und damit absurde Gewinne einfahren können?

Der rasche Preisanstieg an den Rohstoffmärkten im Krisenjahr 2009 steht im direkten Zusammenhang mit den Billigkrediten der Zentralbanken (der Bürger zahlt auch hier wieder einmal die Zeche).

„Aber die Zentralbanken sorgen doch für Preisstabilität ..."

Es stimmt: Die Zentralbanken haben in den letzten 20 Jahren die Inflation in den Griff bekommen. Aber um welchen Preis? Der permanente Eingriff in das Marktgeschehen manipuliert die Weltwirtschaft – das natürliche Spiel der Kräfte wird weitgehend ausgesetzt. Und wo findet sich der Beweis, dass die Zentralbanken es waren, die die Inflationsrate im Zaume hielten? Seit 30 Jahren beobachten wir in den alten Industrieländern einen Rückgang der Reallöhne – bei einem solchen Trend wären hohe Preissteigerungen ohnehin wenig wahrscheinlich. Die Frage stellt sich also doch eher andersherum: Welchen Anteil haben die Zentralbanken an dem merkwürdigen Phänomen rückläufiger Arbeitseinkommen bei stetig steigender Produktivität? Bringen die Eingriffe der Zentralbanken am Ende weit mehr Schaden als Nutzen?

Die Geburtsstätte des Geldes muss offengelegt werden!

Der Kapitalismus bleibt unberechenbar, solange die Zentralbanken nach Gutsherrenart und weitgehend im Verborgenem schalten und walten und immer wieder neues Geld „erfinden" können. Dass die Geldmenge einer prosperierenden Wirtschaft hin und wieder erhöht werden muss, ist einzusehen. Aber die Diskussion darüber müsste öffentlich erfolgen. Ebenso wie steuerliche Veränderungen oder Haushaltsentwürfe sollten auch Geldmengenveränderungen ausgiebig im Parlament erörtert werden.

Vor allem aber darf nicht Geld in den Markt gedrückt werden, obwohl bereits genügend Anlagekapital in der Welt umhergeistert. Geld, das kaum noch Abnehmer findet. Weder Staat noch Zentralbanken haben die Aufgabe, die Sparzinsen unter die Inflationsrate zu drücken (schleichende Enteignung). Neues Geld könnte erfunden/gedruckt werden, wenn die Realzinsen für einfache Spareinlagen eine bestimmte Schmerzgrenze überschreiten (etwa drei Prozent). Das wäre dann ein Signal, die vorhandene Geldmenge an die gewachsene Volkswirtschaft anzupassen.

Denkbar wäre vielleicht auch ein automatisches Anpassungssystem: Die Geldmenge wächst im Einklang mit dem Wirtschaftswachstum. Würde beispielsweise das deutsche BIP innerhalb eines Jahres um real zwei Prozent zulegen, könnten ca. 40 Milliarden Euro in die Staatskasse fließen (als zusätzliche Finanzierung des Staatshaushalts). Dieses System wäre genau überschau- und berechenbar und schafft möglicherweise mehr Vertrauen als bisherige Geldmengenberechnungen und -erhöhungen, denn die Bevölkerung und alle Marktteilnehmer wüssten, woran sie sind.

Die EZB – eine Zentralbank für 17 Staaten?

Wenn ein Staat über eine eigene Zentralbank verfügt, lässt sich das irgendwie noch nachvollziehen. Aber kann eine Zentralbank funktionieren, die gleichzeitig für 17 souveräne Staaten zuständig ist? Wie will sie das Zinsniveau steuern, wenn Staatsverschuldungen und Inflationsraten weit auseinanderklaffen? Was macht sie mit Ländern, die immer weiter in die Verschuldung abdriften? Der Euro als Einheitswährung kann nicht die wirtschaftliche Stärke eines Landes widerspiegeln. Hätte Griechenland noch seine Drachme, würde diese wegen der sich auftürmenden Probleme durch den normalen Marktmechanismus abgewertet. Dadurch könnte Griechenland wieder mehr exportieren (bei gleichzeitiger Erschwerung der Importe). Diese natürlichen Selbstheilungskräfte wurden mit dem Euro abgeschafft.

Aber kann das auf Dauer gutgehen, wo immer mehr Eurostaaten in die Bedrouille geraten? Schon bei der Einführung des Euro traten die Schwierigkeiten zu Tage: Kaum ein Staat (nicht einmal Deutschland) erfüllte die vier unabdingbaren Aufnahmekriterien – dennoch wurde das große Experiment gegen den Willen der Bevölkerung umgesetzt.

Haben sich die Zentralbanken in der Krise bewährt?

Es hat den Anschein, dass die Zentralbanken durch ihr billiges Geld zur Entschärfung der Krise beigetragen haben. Doch dies ist nur eine Mutmaßung, denn wie es ohne Zentralbanken gelaufen wäre, weiß schließlich niemand.

Fest steht jedoch: Ohne billiges Zentralbankgeld (vor allem in den USA) wäre diese Krise gar nicht erst entstanden! Die Immobilienblase wurde durch die US-Notenbank entfacht und genährt! Etwas sarkastisch ausgedrückt könnte man sagen: Die Zentralbanken tragen zur (vorübergehenden) Überwindung von Krisen bei, die es ohne ihr Einwirken gar nicht gegeben hätte. Und niemand weiß dabei, wohin die Reise geht. Denn die eigentlichen Ursachen der Krise werden kaum angegangen.

Das Billiggeld der Zentralbanken wirkt wie ein betäubendes Schmerzmittel, welches die wahren Krankheitsherde unserer Weltwirtschaft vernebelt. Aufgeschoben ist nicht aufgehoben – gut möglich, dass die zweifelhaften Rettungsmanöver der aktuellen Weltwirtschaftskrise ein weit schlimmeres Desaster heraufbeschwören, welches sich dann nicht mehr mit unredlichem Kunstgeld vertuschen bzw. verschieben lässt.

Das Experiment der internationalen Arbeitsteilung (Globalisierung durch Abbau der Zölle und Handelsbeschränkungen) ist gescheitert! Wer sich dieser Einsicht verweigert, wird den <u>echten weltwirtschaftlichen Zusammenbruch</u> kaum mehr verhindern können.

Übrigens: Auch die Eigenheimbesitzer werden durch das Billiggeld geschädigt!

Der lieben Ordnung halber sei angemerkt, dass durch das Billiggeld der Zentralbanken nicht nur Sparer betrogen werden. Die Besitzer von Wohneigentum sind kaum besser dran. Denn die absurd niedrigen Hypothekenzinsen beflügeln die Bautätigkeit – es kommt langfristig zu einem Wohnungsüberangebot, das sich äußerst negativ auf die Immobilienpreise auswirkt. Leidtragende in doppelter Hinsicht sind Vermieter, denn nicht nur ihre Häuser verlieren an Wert, auch die Mieten sinken und es drohen sogar lange Leerstände.

Kaum besser geht es den Besitzern von Lebensversicherungen, denn auch hier verhindert das Überangebot am billigen Zentralbankgeld angemessene Renditen.

Erst die Zentralbanken ermöglichen hohe Staatsschulden!

Was wären die Staaten ohne die fleißigen Gelddruckmaschinen der Zentralbanken? Dann wären Neuverschuldungen wesentlich schwieriger und teurer, die Staatenlenker müssten lernen, mit dem Geld auszukommen, das sie an Steuern und Gebühren einnehmen. Mit großzügigen Wahlversprechen müssten sich die Politiker zurückhalten – was finanziell kaum machbar wäre, würde gar nicht erst erfunden. Ohne das Billiggeld der Zentralbanken wäre sicher auch in der BRD einiges anders gelaufen. Viele Gutmenschen hätten zum Beispiel darauf verzichtet, Deutschland zum märchenhaften Multikultistaat für Armutsflüchtlinge aus aller Welt zu verwandeln. Unsere Volksvertreter hätten sich dann mehr an die strengen Aufnahmeregeln anderer Länder orientiert, die frischen Migranten keinerlei Sozialhilfen gewähren. Kein Mensch wirft diesen Ländern inhumanes Handeln vor – bei uns hält man es aber immer noch für eine Selbstverständlichkeit, zugewanderten Großfamilien einen Gratisurlaub auf Lebenszeit zu gewähren.

Es ist ja so einfach! Neue Schulden, neues Glück! Nach Aufgabe der goldgedeckten Währungen können Staaten relativ einfach und ungeniert jahrzehntelang weit über ihre Verhältnisse leben und immer neue Staatsschulden anhäufen. Der Gipfelpunkt der Unverschämtheit liegt meines Erachtens in dem Umstand, dass die Zentralbanken nicht nur immer neues Geld generieren können, sondern sogar die eigenen oder fremde Staatsanleihen aufkaufen dürfen. Somit entledigt man sich auch noch der letzten Hemmnisse bezüglich der Haushaltsdisziplin. Wird man seine Staatsanleihen zum gewünschten Niedrigzinssatz nicht mehr los, kauft eben die eigene Zentralbank sie auf. Wie praktisch und unkompliziert doch das Leben sein kann!

Unser ganzes Weltwirtschaftssystem beruht auf Vertrauen!

Vergessen scheint, dass unser komplexes Welthandelssystem nur so lange funktionieren kann, wie das Vertrauen in die Währungen nicht überstrapaziert wird. Mit Argwohn blicken heute Sparer und Geldanleger auf das undurchschaubare globale Finanzsystem, das sie nicht mehr verstehen können und das sämtliche Ethik und Seriosität vermissen lässt. Nicht ohne Grund hat der Goldpreis sich in den letzten Jahren vervielfacht. In einem solchen Umfeld genügt ein einziger Anlass (eine größere Bankpleite zum Beispiel), um urplötzlich eine globale Massenpanik auszulösen. Die Belastbarkeit unseres vernetzten Währungssystems ist nicht berechenbar – aus scheinbar heiterem Himmel kann das Wetter umschlagen und sich allgemeines Misstrauen und Verzweiflung ausbreiten. Wenn wir den Supergau noch verhindern wollen, müssen schnellstmöglich die Zentralbanken entmachtet, die Verfilzung der globalen Finanzwelt aufgelöst und die Geldmengenvermehrung für den Laien verständlich gestaltet werden.

Niedrige Inflation trotz Billiggeldschwemme?

Die EZB flutet seit Jahren den Euroraum mit frisch generiertem Billiggeld, um eine kreditfinanzierte Konjunkturbelebung zu erreichen. Warum aber treibt diese massive Aufblähung der Geldmenge nicht die Inflation an?

Wurden in früheren Zeiten derlei Notmaßnahmen ergriffen, stieg die Inflationsrate rasch an. Wie eine solche Geldentwertung zu einer unkontrollierbaren Hyperinflation ausarten kann, durchlebten die Deutschen Anfang der 1920er Jahre. Nur eine Währungsreform (Einführung der Goldmark) konnte das irrwitzige Treiben beenden.

Warum also gelten die Regeln von einst nicht mehr? Eine einfache Antwort auf diese sytemrelevante Frage gibt es leider nicht. Dafür sind die Abläufe im verschachtelten Euro-Verbund einfach zu komplex. Man kann nur versuchen, die Triebkräfte der Geldwertstabilität ein wenig aufzuschlüsseln.

1. **Als Hauptursache für das Ausbleiben eines Inflationsanstiegs sehe ich die desaströse Wirtschaftslage in vielen Euro-Staaten** (vor allem im Süden Europas). Der starke Konjunktureinbruch und die hohen Arbeitslosenzahlen drücken dort auf die Preise. Wer seine Waren und Dienstleistungen zu alten Preisen nicht mehr absetzt, muss halt billiger werden. Hier zeigt sich wieder einmal die Unvereinbarkeit eines inhomogenen Währungsraumes. Die Deflation in den Krisenstaaten überträgt sich auf die gesunden Staaten, die jedoch überhaupt keine kreditfinanzierte Konjunkturbelebung benötigen und für die die Billiggeldschwemme nur pures Gift sein kann (dessen schädigende Wirkung sich erst später entfalten wird).

2. **Das was richtig teuer geworden ist, befindet sich nicht im Warenkorb, aus dem die Inflationsrate berechnet wird.** Die Preise für Besitzanteile an börsennotierten Unternehmen zum Beispiel sind von 2009 bis 2014 weltweit um ca. 100 Prozent gestiegen (Kurswert derzeit ca. 54 Billionen Dollar). Ebenfalls verdoppelt haben sich die Immobilienpreise in Spitzenlagen, die Kosten für Firmenaufkäufe usw. (Facebook zahlte zum Beispiel 19 Milliarden Dollar allein für die Übernahme von WhatsApp). Das Geld der Zentralbanken beflügelt also nicht den Konsum und damit auch nicht den Preisauftrieb, sondern es erhöht lediglich die Preise bestehender Anlagegüter (Aktien und Immobilien), die keinen Einfluss auf die Inflationsrate haben.

3. Durch die Verzahnung des divergenten Euroraumes mit den globalen Finanzmärkten verliert sich jede staatliche Kontrolle und bildliche Vorstellungskraft. Wenn die Deut-

schen 1923 mit einer Schubkarre voller Banknoten ihre Lebensmittel einkauften, war die absurde Geldmengenvermehrung natürlich für jeden Bürger sichtbar und einprägend. Wenn heute hohe Milliardenbeträge von den Zentralbanken digital mittels Computer erschaffen werden, fällt das kaum weiter auf – es bleibt weitgehend unsichtbar. Auch den Medien bietet diese weitgehend verborgene Trickserei keine spektakulären Bilder und Nachrichten. Es gibt wohl niemanden (auch keinen Wirtschaftsredakteur), der heute alle diese Vorgänge deuten und bewerten und die Folgen eines solchen Handelns genau vorhersagen könnte.

4. Das Vertrauen in die Währungen beruht heute also im Wesentlichen auf Unwissenheit und Undurchschaubarkeit. Weil die wertmindernden Vorgänge weitgehend unsichtbar geworden sind, werden sie von der breiten Bevölkerung kaum wahrgenommen.

5. Was macht man heute, wenn ein Staat wie zum Beispiel Griechenland seinen Verpflichtungen nicht mehr nachkommen kann? Man erlässt ihm kurzerhand mal so eben 100 Milliarden Euro und sorgt gleichzeitig dafür, dass der eigentlich bankrotte Staat für die verbleibenden Schulden nur einen symbolischen Minizins zahlen muss. Denn die EZB fühlt sich berechtigt, Staatsanleihen der Krisenstaaten in unbegrenzter Höhe aufzukaufen.

6. Die europäischen Politiker sind gehalten, diese haarsträubenden Machenschaften als ganz normal und völlig risikolos darzustellen. Das Vertrauen (und nur darauf kommt es an) in den Euro darf auf keinen Fall erschüttert werden. Deshalb werden massivste Eingriffe verharmlost und schöngeredet.

So sehe ich jedenfalls die Situation des Euro, die dazu führt, dass eine neutrale Geldwertanpassung nicht mehr erfolgen kann, Inflationsraten nicht mehr berechenbar sind und logischen Gesetzen kaum noch folgen.

Damit beruht heute die Inflationsrate und das Vertrauen in die Papiergeldwährungen auf Empfindungen und vagen Einschätzungen. Wo fundamentale Daten immer weniger Aussagekraft haben, gewinnt die Psychologie und das Wahrnehmungvermögen an Bedeutung.

Dieser Zustand ist äußerst labil und riskant. Die gesamte Menschheit sitzt quasi auf einem Pulverfass, das jederzeit hochgehen kann. Die Stimmungslage in der breiten Bevölkerung ist weder berechen- noch vorhersehbar – ein plötzlicher Umschwung bzw eine Panik sind bei der heutigen Konstellation (der unseriösen Geldpolitik der Staaten und Notenbanken) jederzeit möglich.

Die Vor- und Nachteile einer Finanztransaktionssteuer

Seit über 40 Jahren diskutiert man nun schon über eine Finanztransaktionssteuer, aber bis heute hat sie sich nicht durchgesetzt. Nach der Banken- und der nunmehr drohenden Staatsfinanzkrise ist die Finanztransaktionssteuer wieder einmal hochaktuell. Besonders im Euroraum wird sie von manchen Parteien lebhaft eingefordert. Doch was bringt eine Finanztransaktionssteuer? Kann sie die aufgestauten Probleme lösen?

Das grundsätzliche Problem:
Durch den Einsatz raffinierter Computerprogramme (und niedriger Zinsen seitens der Zentralbanken) weitet sich der spekulative Handel mit Devisen, Aktien, Rohstoffen, Staatsanleihen usw. immer weiter aus. Das meiste Geld, das heute im Sekundentakt angelegt wird, dient nicht der langfristigen Investition, sondern lediglich der Auslotung bestehender Preise (Kurse). Die Kurse bewegen sich deshalb (trotz des täglichen allgemeinen Trends) fast ständig im Zickzack, gehen also für einige Minuten rauf und dann wieder für einige Minuten runter. Diese kurzlebigen Schwankungen nutzen Zocker zum Ein- und Ausstieg. Sobald ein kleines Zwischenhoch erklommen wurde springen sie ab, um einige Minuten später nach Erreichen der mutmaßlichen Talsohle in das gleiche Objekt wieder einzusteigen.

Über den Sinn dieses skurrilen Investments scheiden sich die Geister. Die Zocker argumentieren, das ständige Hin und Her mindere die Gefahr eines Crashs, weil die Preisfindung extrem schnell und aktuell verläuft. Sie behaupten, dadurch würden Übertreibungen abgeschwächt und Missstände eher sichtbar. So hätte zum Beispiel erst die drastische Verteuerung griechischer Staatsanleihen Politikern die Augen geöffnet.

Ich persönlich halte eine solche Argumentation für arg geschönt. Denn Spekulationsblasen sind seit Bestehen des elektronischen Kurzzeithandels nicht seltener geworden – eher das Gegenteil ist der Fall. Auch die Schwankungsbreite der gehandelten Werte (Aktien, Devisen, Staatsanleihen, Rohstoffe) hat sich vergrößert. Ich sehe in dem Kurzzeithandel eher ein spekulatives Schmarotzertum – den Zockern geht es nicht um nachhaltige Investitionen (Wirtschaftsbelebung), sondern um das schnelle Geld. Sie nutzen eine Lücke, die der seriöse Kleinanleger nicht hat (er kann nicht im Sekundentakt ein- und aussteigen).

Die Gretchenfrage: Ist der Kurzzeithandel gut oder böse?
Ich vertrete die Ansicht, dass die Kurzzeitzockerei nicht zur Beruhigung der Märkte bei-

trägt, sondern eher Hektik verbreitet. Von einem seriösen Anleger darf man erwarten, dass er sich vor seiner Entscheidung sorgfältig über die Sicherheit und Wertentwicklung seiner geplanten Investition informiert. Sein Markteingriff geschieht also in der Regel wohlüberlegt und daher auch gerecht(fertigt).

Der Kurzzeitzocker hat aber ganz andere Prämissen. Ihn interessiert weniger, wie ein Aktienkonzern oder ein Staat in 6, 12 oder 24 Monaten dasteht, für ihn sind die nächsten fünf oder zehn Minuten ausschlaggebend.

Ein Alleingang galt bislang als wenig sinnvoll ...

Die Einführung einer Finanztransaktionssteuer scheiterte bisher am Einigungswillen der Nationalstaaten. Dass Alleingänge nur schaden, haben manche Länder bereits per Experiment feststellen müssen (zum Beispiel Schweden). Die Hoffnung, andere Länder würden dem eigenen guten Beispiel folgen und ebenfalls eine Finanztransaktionssteuer erheben, erfüllte sich bislang nicht. Und so blieben auch die erwünschten Mehreinnahmen aus, weil die Spekulanten, wie zu erwarten, auf abgabenfreie Finanzplätze auswichen.

Diese Erfahrungen lehren: Ein Alleingang eines Landes ist in der Tat ohne Sondermaßnahmen kaum anzuraten – zumindest solange die beiden wichtigsten Akteure, die USA und Großbritannien, sich einer Finanztransaktionssteuer verweigern. Leider ist trotz der akuten Krise von den Regierungen dieser beiden Schlüsselstaaten kein Meinungswechsel zu erwarten – einfach weil ihre Länder extrem vom Finanzsektor abhängig sind.

„Geht nicht" gibt's nicht!

Natürlich wäre es das Beste, würden alle Länder der Welt oder zumindest Europas in Sachen Finanztransaktionssteuer an einem Strang ziehen. Dennoch halte ich sogar einen Alleingang Deutschlands für möglich. Man müsste lediglich allen Bundesbürgern sowie allen deutschen Unternehmen untersagen, steuerfreie Finanzplätze zu nutzen. Mit diesem Verbot könnte eine Kapitalflucht weitgehend verhindert und die liberalen Finanzmärkte, falls das Beispiel Schule macht, allmählich ausgetrocknet werden.

Deutschland ist auf den Casinokapitalismus nicht angewiesen. Da wäre es kein großer Verlust, würden dubiose Spekulanten und Hedgefonds das Weite suchen.

Weitere denkbare Maßnahmen zur Eindämmung unerwünschter Spekulationen

Nationale Regierungen könnten auch mit anderen Instrumenten und im Alleingang die Zockerei an den Börsen eindämmen. Denkbar wäre zum Beispiel eine Haltepflicht der Investments von 24 Stunden. Während dieser Sperrfrist dürften die Bürger, Banken und Versicherungen eines Landes ihre Papiere nicht veräußern. Natürlich dürften sie sich dann auch nicht in indirekter Form oder im Ausland an derlei Kurzwetten beteiligen.

Alternativ könnte auch eine Klausel helfen: Nur wer sein Investment weniger als 24 Stunden hält, muss eine Finanztransaktionssteuer zahlen (die dann aber höher als die diskutierten 0,05 % angesetzt werden müsste).

Das würde bereits genügen. Damit blieben die Finanzzentren solcher Länder weitgehend unbeschadet und trotzdem würde der Zockerei ein Riegel vorgeschoben. Dieser Schachzug würde also nicht nur die Spekulation bekämpfen und somit die Realwirtschaft unterstützen, eine solche Maßnahme würde auch die Bevölkerung und Unternehmen vor riskanten Investments besser schützen. Ich wage zu behaupten, dass seriöse Finanzplätze (wie zum Beispiel Frankfurt) auf die Geschäfte der Berufszocker nicht angewiesen sind.

Wirkt die Finanztransaktionssteuer wie eine Mehrwertsteuer?

Im heißen Kampf gegen die Einführung der Finanztransaktionssteuer werden häufig Argumente ins Feld geführt, die nicht der Aufklärung, sondern der allgemeinen Verunsicherung dienen. So verweist man zum Beispiel liebend gern auf den Teuerungseffekt, den eine Finanztransaktionssteuer auslösen würde. Es heißt, letztlich müssten (wie bei der Mehrwertsteuer) nicht die Investoren, sondern die Verbraucher die Zeche zahlen und mit jeder Geldüberweisung ihren Obolus entrichten.

Ich halte diese Ängste für übertrieben. Denn erstens könnte man sehr wohl die Finanztransaktionssteuer auf rein spekulative Geschäfte beschränken (sie also aus dem normalen Zahlungsverkehr heraushalten). Und zweitens wäre die Finanztransaktionssteuer beim anvisierten Steuersatz von maximal 0,05 % sowohl für Firmen als auch für den Normalverbraucher recht unerheblich. Ein 4-Personen-Haushalt käme im Jahr auf höchstens 50 Euro zusätzliche Kosten – wobei diese Einnahmen aber nicht verloren sind, sondern der staatlichen Haushaltskonsolidierung dienen (also andere Steuern ersetzen).

> **Das ewige Warten auf internationale Abkommen blockiert jeden Reformansatz.** Dabei könnten souveräne Staaten sehr wohl im Alleingang handeln (wenn sie es nur intelligent genug anstellen).

Ursachen & Folgen von Weltwirtschaftskrisen

Wie kann es sein, dass es immer wieder zu verheerenden Weltwirtschaftskrisen kommt? Lernt die Menschheit bzw. die Politik und die Wirtschaftswissenschaft denn gar nichts aus den Katastrophen der Vergangenheit? Sind sie alle belehrungsresistent? Ziehen sie am Ende gar die falschen Schlüsse?

Seit der im 19. Jahrhundert beginnenden Industrialisierung gab es neben vielen kleineren Rezessionen drei schwere Weltwirtschaftskrisen:
1873 die sogenannte Gründerkrise,
1929 setzte die große Depression ein
und die 2008 ausbrechende Bankenkrise macht uns heute noch zu schaffen.
Wie unterscheiden sich diese Krisen voneinander, was haben sie gemeinsam?

Ursachen und Folgen der Weltwirtschaftskrise 1873

Auslöser für diese Krise waren eine überhitzte Investitionstätigkeit und großzügig vergebene Kredite, auf denen die Banken sitzen blieben. Hinter diesem offensichtlichen Auslösefaktor steckt aber mehr: Schon damals hatte man im Überschwang eines allgemeinen Freiheitsdranges auch im Wirtschaftsbereich auf den Liberalismus gesetzt – auf einen weltumspannenden Freihandel fast ohne Zölle.

In den Jahren zuvor waren in Deutschland durch die Reichsbildung bereits die unzähligen inländischen Zollgrenzen der Kleinstaaterei gefallen – was sich natürlich belebend auf die deutsche Wirtschaft auswirkte. Diese frühe Erfolgsgeschichte des Zollabbaus scheinen auch heute noch viele Entscheidungsträger falsch zu deuten. Denn durch den Wegfall der Binnenzölle ergab sich im gesamten deutschen Kaiserreich ein homogener Wirtschaftsraum mit gleichen Vorschriften, Steuergesetzen und Lohnniveaus.

Den inländischen Freihandel auf die ganze Welt zu übertragen in der Hoffnung, er würde sich in ähnlicher Weise wirtschaftsfördernd auszahlen, erwies sich als großer Trugschluss – weil eben die Produktionsbedingungen und auch die Interessen der konkurrierenden Nationalstaaten sich höchst unterschiedlich gestalteten. Die erste frühindustrielle weltweite Freihandelswelle geriet daher zum Desaster, die ohnehin schon niedrigen Hungerlöhne der Fabrikarbeiter wurden durch den internationalen Wettbewerb noch weiter heruntergedrückt – was weltweit zu Kaufkraftverlust und Überproduktion führte.

Auch damals ging schon (wie heute) mit dem globalen Freihandel (Zollfreiheit) eine folgenschwere Begleiterscheinung einher: Die Verflechtung der Weltwirtschaft bedingte auch die <u>Vernetzung der Finanzströme und Banken</u>. Der Staat verlor dadurch seine Verfügungsgewalt über die Geldflüsse – die Realwirtschaft wurde zunehmend unkontrollierbar, weil ausländische Spekulanten und Finanziers immer mehr Macht und Einfluss erlangten.

Die Folgen der Weltwirtschaftskrise 1873

Indes haben die damaligen Machthaber richtig reagiert, sie haben ihre Fehler erkannt und das unkontrollierbare wirtschaftliche Treiben der globalen Frühindustrialisierung über eine Anhebung der Einfuhrzölle eingedämmt. Dadurch konnten die Löhne in den einzelnen Nationalstaaten wieder steigen, es erhöhte sich die allgemeine Kaufkraft der Bevölkerung, die Wirtschaft kam in Schwung. Besonders hohe Einfuhrzölle erhob damals übrigens die USA, die vermutlich nicht zuletzt aus diesem Grund rasch zur führenden Supermacht aufstieg (auch aufgrund der hohen Schutzzölle waren die Lebensbedingungen dort oft besser als in Europa, was den Einwanderungsboom beflügelte).

Die Ursachen der Weltwirtschaftskrise 1929

Die Situation vor der 1929 beginnenden Weltwirtschaftskrise ähnelte in verblüffender Weise der vor der Gründerkrise 1873. Wiederum war die Politik einer Art Globalisierungswahn erlegen – also Verzicht auf Zölle, nach dem Motto „es lebe der totale Freihandel". Spekulanten und Kapitalisten hatten nämlich längst begriffen, dass der Verzicht auf Zölle ihnen unbegrenzte Möglichkeiten bot (kapitalistisches Ermächtigungsgesetz, siehe Seite 68). Wiederum führte der radikale Zollabbau zu den bereits bekannten Abläufen: weltweite Unterbietungskonkurrenz bei der Produktion und undurchschaubare Verzahnung der Finanzwelt. Die unkontrollierbaren Kredit- und Bankgeschäfte führten auch diesmal zu irrationalen Spekulationen vor allem an den amerikanischen Börsen. Auslösender Moment (aber eben nicht Ursache) war das Platzen dieser Aktienblase (die Kurse fielen innerhalb von 2 Jahren um 90 %).

Die Folgen der Weltwirtschaftskrise 1929

Die Panikstimmung an der New Yorker Börse übertrug sich in Windeseile auch auf die überseeischen Finanzzentren. In den führenden Industrienationen brach die Wirtschaft ein, auch weil die US-Banken ihre Kredite hektisch aus dem Ausland abzogen. Alles ging bergab: die Vermögen der Aktionäre lösten sich rasch in Luft auf (die meisten Aktien waren auf Pump gekauft), die Kaufkraft stürzte ab, Firmen wurden ihre Waren nicht mehr los, gingen Pleite oder mussten weite Teile der Belegschaft entlassen, die Löhne sanken und die Massenarbeitslosigkeit setzte ein.

Auch in dieser Krise haben die meisten Regierungen richtig reagiert: Sie kurbelten die Konjunktur über staatliche Programme an (investierten hauptsächlich in die Infrastruktur des Landes) und erhöhten gleichzeitig die Zölle. Neben den USA beschritt vor allem Deutschland bis 1933 einen Sonderweg: Die Regierung Brüning kürzte die Staatsausgaben (selbst die Arbeitslosenunterstützung wurde dramatisch abgesenkt) zwecks Haushaltskonsolidierung und um durch sinkende Preise die Exporte anzukurbeln. Die Notenbank der USA verringerte von 1930 bis 1933 die Geldmenge um ein Drittel, was natürlich gleichfalls fatale Folgen hatte. Umstritten ist indes, ob Brüning mit seiner harten Deflationspolitik auch das Ziel verfolgte, die Unerfüllbarkeit der von den Siegermächten geforderten Reparationszahlungen zu belegen.

Dass angesichts des unvorstellbaren Massenelends in der Weimarer Republik (und den Auswirkungen des Versailler Friedensdiktats) in den entscheidenden Novemberwahlen 1932 die NSDAP ein Drittel der abgegebenen Wählerstimmen einfing, ist meines Erachtens wenig verwunderlich. Denn Hitler war es schließlich, der ein plausibles Konzept zur Behebung der Massenarbeitslosigkeit anbot (staatliche Investitionsprogramme). Tatsächlich war das Wirtschaftsprogramm der Nazis erfolgreich. Innerhalb von wenigen Monaten sank 1933 die Zahl der offiziellen Arbeitslosen von 6,2 auf 3,7 Millionen.

Geschichtsklitterung

Nun kommen manche Historiker immer wieder mit dem Einwand, Hitlers auf Pump finanzierte Wirtschaftsankurbelung sei unseriös gewesen, die Staatskredite hätten niemals zurückgezahlt werden können. Daraus wird abgeleitet, Hitler habe von vornherein einen Eroberungskrieg geplant, um sich so seiner Staatsschulden zu entledigen.

Ich halte diese Theorie für lächerlich! Schließlich haben andere Staaten auch im großen Stil Konjunkturprogramme aufgelegt, deren Finanzierung nicht weniger heikel war. Planten diese Länder etwa auch die Tilgung über einen Eroberungskrieg (dann erscheinen die Kriegserklärungen Englands und Frankreichs an Deutschland in einem ganz neuen Licht)? Wie abenteuerlich wären unter derlei Gesichtspunkten die heutigen Konjunkturprogramme und Staatsschulden, zum Beispiel die der USA. Machen die USA sich ernsthafte Gedanken, wie sie das jemals zurückzahlen wollen? Eine Rückzahlung der Nazi-Staatsanleihen wäre auch ohne Krieg kein sonderliches Problem gewesen – notfalls hätte man die Notenpresse angeschmissen (schon viele Staaten haben auf diese Weise sich ihrer Altlasten entledigt). Verlierer sind in einem solchen Fall hauptsächlich die Besitzenden, deren Barvermögen entwertet wird (wie in Deutschland nach dem 1. Weltkrieg).

Historiker die behaupten, eine Diktatur wie die der Nazis hätte nur mit Hilfe eines riskanten kostspieligen Krieges die inländischen Schulden an die eigenen Bürger begleichen können, scheinen vom Geldwesen wenig zu verstehen oder versuchen bewusst, Geschichtsklitterung zu betreiben. Nebenbei bemerkt: Auch hohe Auslandskredite erfordern keinen Krieg – notfalls erklärt sich der überschuldete Staat für zahlungsunfähig.

Geschichtsverfälschung auch bei der Zollanhebung?

Auch die Folgen der ab 1930 allmählich einsetzenden allgemeinen Zollanhebungen werden auffallend einseitig interpretiert. Natürlich wurde durch diesen Trend der Export zurückgedrängt. Aber sich allein auf diesen Absatzverlust zu konzentrieren erscheint mir mehr als dümmlich. Denn der nachlassende Konkurrenzdruck von außen hat im Gegenzug zur Stimulierung der Binnenwirtschaft beigetragen – wenn man so will zu einer Normalisierung der Marktwirtschaft.

Zwar wurde der in Fahrt gekommene Abwärtstrend durch die neuen Zollmauern nicht abrupt gebremst (wie sollte er auch), aber es wurde immerhin eine gesunde wirtschaftliche Basis geschaffen, worauf die Unternehmer bauen konnten. In der Gewissheit, dass von außen nicht mehr durch Dumpingpreise quergeschossen wird, konnten die Investoren neues Vertrauen schöpfen – das Spiel der marktwirtschaftlichen Kräfte war für sie wieder überschaubar bzw. kalkulierbar.

Warum wird auch heute noch der Zoll-Protektionismus der 1930er Jahre verteufelt, während der damalige weit heftiger betriebene Währungs-Protektionismus kaum Erwähnung findet? Großbritannien (1931) und die USA (1933) betrieben schon damals massives Währungsdumping, indem sie durch die Aufhebung des Goldstandards eine Abwertung von 30 bzw. 40 Prozent herbeiführten.

Die Antwort ist einfach: Es stecken einfach zu viele Interessen dahinter. Der Freihandel ohne Zölle ist für alle Spekulanten und Kapitalisten Voraussetzung für abnorme Gewinne. Also werden historische Ereignisse gerne für Propagandazwecke missbraucht. Die Geschichte wird so umgedeutet, wie man es gerne haben möchte – wohl wissend, dass die heutige Bevölkerung die komplexen Zusammenhänge der damaligen Zeit kaum durchschauen wird.

Ursachen und Folgen der Weltwirtschaftskrise 2008

Die auslösenden Momente für die derzeitige Weltwirtschaftskrise sind hinreichend bekannt: Eine durch ungesicherte Billigkredite aufgeblähte Immobilienblase in den USA brachte den Ball ins Rollen.

Aber auch hier liegen die eigentlichen Ursachen tiefer verborgen. Vor dem Bankenzusammenbruch lag eine drei Jahrzehnte andauernde Freihandelsphase. Diesmal hatte der weitgehende Verzicht auf Importzölle besonders verheerende Auswirkungen, weil, wie noch nie in der Geschichte zuvor, völlig gegensätzliche Lohnniveaus aufeinanderprallten, in dessen Folge in den alten Industrieländern arbeitsintensive Produktionsbereiche vernichtet wurden. Die Arbeitskosten in den Hochlohnländern lagen um den Faktor zehn bis zwanzig über denen der aufstrebenden Schwellenländer. So kam es natürlich, wie es kommen musste: Lohnintensive Arbeiten wurden ins Billiglohnland ex-

portiert, während es bei den (oft nur über Subventionen geretteten) verbliebenen Industrie-
arbeitsplätzen einen steten Lohnabbau gab.

In einem großen Weltmarkt kommt es also (welch Wunder) zu einer allmählichen
Lohnangleichung: Bei den einen geht es ständig nur noch bergab, während es in den
Schwellenländern langsam zu steigenden Löhnen kommt. Dieser Anpassungsprozess (eine
der entscheidenden Ursachen der aktuellen Weltwirtschaftskrise) würde sich theoretisch
etwa über 150 bis 200 Jahre hinziehen, wenn nicht den alten Industriestaaten vorher die
Luft ausgeht (wofür es schon jetzt ernste Anzeichen gibt).

Dem Freihandel folgten auch diesmal wieder die Finanzmärkte

Auch in einem anderen Punkt wiederholte sich die Geschichte. Die maßlose „internationale Arbeitsteilung" (Seite 15) führte, wie schon bei den beiden Weltwirtschaftskrisen
zuvor, wiederum zu einer unkontrollierbaren Aufblähung und Verschmelzung der Finanzmärkte und zu irrationalem Verhalten bei der Kreditvergabe. In einer auf den Binnenmarkt ausgerichteten Volkswirtschaft würde es keiner seriösen Bank einfallen, unge-
prüfte dubiose Hypothekenpakete aus fernen Erdteilen aufzukaufen.

Ursachen und Folgen der Weltwirtschaftskrisen

Was also beim Vergleich der drei großen Weltwirtschaftskrisen immer wieder auffällt:
Vor der Krise gab es jedesmal ein lange Phase des Freihandels (Zollverzichts), der zum
globalen Unterbietungswettbewerb ausartete und in vielen Ländern wichtige traditio-
nelle Produktionsbereiche gefährdete. Einhergehend mit diesem Dumpingsystem eska-
lierten die internationalen Finanztransaktionen, die das gesamte Wirtschaftsgeschehen
undurchschaubar und zum Eldorado von Glücksrittern und Spekulanten machten.

Folgen der Weltwirtschaftskrise 2008:
Wie geht es nun weiter, was wird aus der aktuellen Weltwirtschaftskrise?

Zunächst einmal scheint das Schlimmste überstanden. Mit gigantischen Konjunktur-
programmen, Bankbürgschaften und Zinsverbilligungen wurde der drohende Zusammenbruch der Weltwirtschaft abgewendet. Doch ist man damit tatsächlich über den
Berg? Kann jede Weltwirtschaftskrise heute ganz einfach über eine staatliche Geldschwemme überwunden werden? Ist es so einfach? Oder führt die staatliche Intervention
auf Pump geradewegs in die nächste Krise, in eine globale Staatsschuldenblase?

Die positiven Aspekte:

Eines stimmt beruhigend: Ein Massenelend wie zu früheren Zeiten scheint eher unwahrscheinlich, einfach weil die Produktivität sich inzwischen vervielfacht hat. Schwer vor-

stellbar, dass bei dem heutigen hohen technologischen Entwicklungsstand die Menschen in der westlichen Welt frieren oder hungern müssen. Beruhigend auch, dass das angesammelte Privatvermögen in den Hochlohnländern bei weitem die staatliche Verschuldung übersteigt – es ist also durchaus noch genug finanzielle Kraft und Substanz in den krisengeschüttelten Ländern vorhanden.

Aber wie stoppt man die Staatsverschuldung, wie erfolgt die Tilgung, wie die Haushaltskonsolidierung? Die noch unbeantwortete Frage lautet, wie man trotz Mindereinnahmen mit der höheren Staatsverschuldung und den explodierenden Sozialkosten fertig wird. Werden die Euroländer das Finanzproblem über die Notenpresse lösen wollen? Was wird, wenn die EZB ihre ehernen Geschäftsgrundlagen aufgibt und eigenmächtig Staatsanleihen aufkauft? Kann der Euro so gerettet werden?

Der Streit um die richtige Euro-Politik wird Europa spalten. Die Krisenstaaten wünschen sich höhere Neuverschuldungen als Konjunkturprogramm, einhergehend mit der Vergemeinschaftung der Staatsschulden (Transferunion). Die Geberländer dagegen bauen auf mehr Stabilität und Schuldenabbau. Diese krassen Gegensätze der Interessenlagen sind einfach unüberwindbar! Deshalb kann meines Erachtens der Euro auf Dauer keinen Bestand haben. Es gibt keine Lösung, es sei denn, man schafft den Euro wieder ab oder Deutschland und einige andere Staaten akzeptieren die Rolle der ewigen Zahlmeister. Was aber auf Dauer auch nicht funktionieren kann, weil irgendwann die Geduld der geschröpften Steuerzahler vorbei sein wird. Da nützen dann auch nichts mehr die penetrant in den Fernsehnachrichten verbreiteten Erfolgsparolen („Deutschland profitiert von der EU!", „Die deutsche Wirtschaft braucht den Euro!") und die ständige Erinnerung an die historische Schuld der Deutschen (Zwang zur Wiedergutmachung).

Das eigentliche Problem ist der Zollabbau!
Also bleibt es bei dem, was ich mit meinen Publikationen seit mehr als einem Vierteljahrhundert zu verdeutlichen versuche: Ausgangspunkt allen Übels ist die übertriebene Globalisierung durch den Abbau der Zölle und der daraus resultierende weltweite Dumpingwettbewerb! Er hat dazu geführt, dass in den alten Industriestaaten ein harter Kampf um die verbliebenen Arbeitsplätze entbrannt ist und die Reallöhne (im starken Gegensatz zur Produktivität) sinken.

Wenn es der Politik gelingt, diesen Irrweg zu verlassen und der Propaganda der Kapitallobby in diesem Punkt keine weitere Beachtung schenkt, wird es endlich möglich sein, alle europäischen Volkswirtschaften wieder auf Kurs zu bringen. Aber vermutlich gelingt es den Global Playern, den Spekulanten und Großkapitalisten weiterhin, den Zoll-Protektionismus zu ächten und stattdessen den viel schädlicheren Währungs- und Subventions-Protektionismus umzusetzen (der die Konzerngewinne weiter beflügelt).

Seit 1980 sinken die Reallöhne und Renten – trotz steigender Produktivität!

Dass dieser absurde Trend zwangsläufig zu immer neuen Wirtschaftskrisen führen muss, sollten selbst Parteisoldaten nachvollziehen können.

Gelöst wird dieses Grundsatzproblem nicht durch mutige Lohnerhöhungen (die die Wettbewerbsfähigkeit des Landes beeinträchtigen), sondern durch die Abkoppelung vom globalen Dumpingwettbewerb.

Erst wenn die eklatanten Lohnunterschiede über Zölle oder hohe Mehrwertsteuern ausgeglichen werden und fairere Wettbewerbsbedingungen herrschen, können sich die heilsamen Kräfte der Marktwirtschaft durchsetzen und Löhne und Renten im Einklang mit der Produktivität steigen.

Wie eine nationale Wirtschaftskrise die ganze Welt erfasst.

Die durch den Abbau der Zölle künstlich erzeugte Globalisierung sorgt dafür, dass auch „unschuldige" Länder mit in den Abwärtsstrudel hineingerissen werden. Denn die Globalisierung steht nun einmal für weltweite Abhängigkeit. Wenn in den USA die Wirtschaft wegen hausgemachter Fehler kollabiert, verlieren alle Exportländer einen wichtigen Part ihrer Absatzmärkte. Schon das bringt das komplex verwobene globale Wirtschaftssystem ins Strauchelns.

Selbst die Schwellenländer erwischte es …

Selbst eigentlich unbeteiligte Schwellenländern wurden von der Weltwirtschaftskrise hart getroffen, wie das Beispiel der Ukraine zeigt.

Die ukrainischen Banken hatten sich keine Suprime-Hypothekenpakete aufschwatzen lassen, aber trotzdem brach auch die ukrainische Wirtschaft ein. Ursache hierfür war in erster Linie die Monokultur, die sich infolge fehlender Zollgrenzen manifestiert hatte. Dem plötzlichen freien Zugang ausländischer Billigprodukte nach dem Zerfall der UdSSR waren die meisten ukrainischen Hersteller nicht gewachsen, weil deren Produkte wegen der sozialistischen Abschottung kein Weltmarktniveau erreicht hatten.

Bei angemessenen Zollgrenzen hätte sich die Qualität ukrainischer Waren nach der Wende auch im Konsumbereich allmählich dem Weltstandard annähern können – das Fehlen der Zollgrenzen vereitelte jedoch diesen Aufholprozess. So waren es letztlich nur wenige Branchen, die in der kapitalistischen Ukraine bestehen konnten: die Stahlerzeugung, Flugzeug- und Maschinenbau sowie natürlich die Baubranche und die Landwirtschaft. Die Exportchancen bei dieser dürftigen Produktpalette reichten nicht aus, um bei der 2008 ausbrechenden Weltwirtschaftskrise einigermaßen glimpflich davonzukommen. Denn das Land war in seiner Versorgung eben alles andere als autark – die meisten Konsumartikel mussten auch in der Krise importiert werden, während der Absatz von Stahl und Maschinen zwangsläufig einbrach.

Ein zweites großes Problem ergab sich aus der Hypothekenfinanzierung. Auch hier zeigte die globale Verflechtung der Finanzwirtschaft katastrophale Folgen. Viele Ukrainer hatten ihr neues Heim nämlich mit Hypotheken in Fremdwährung finanziert (wegen der niedrigeren Zinsen). Durch die Weltwirtschaftskrise und der damit verbundenen staatlichen Finanzierungsprobleme musste die ukrainische Währung aber um 30 Prozent abgewertet werden. Mit einem Schlag erhöhte sich dadurch die Schuldenlast der Hausbesitzer. Weil gleichzeitig auch die Lebenshaltungskosten stiegen, konnten viele

50

Hypotheken nicht mehr bedient werden – ein Gutteil der neuen gehobenen Mittelschicht war somit ruiniert und die für das vorangegangene Wirtschaftswachstum so bedeutende Baubranche kam weitgehend zum Erliegen.

Was bringt die Ukraine wieder auf Kurs?

1. Verbesserung der Infrastruktur!

Wie kann ein großes Flächenland sich positiv entwickeln, wenn das Straßennetz weitgehend marode ist und so gar nicht den heutigen Ansprüchen genügt? Die Transportkosten sind nun einmal ein wichtiger Kostenfaktor für die Industrie – holprige Straßen mit Schlaglöchern sind dementsprechend mehr als kontraproduktiv. Autobahnen oder gut ausgebaute Landstraßen gibt es in der Ukraine selten. Der Hauptverkehr spielt sich auf den alten maroden zweispurigen Landstraßen ab, die nur eine Durchschnittsgeschwindigkeit von 60 km/h erlauben und sowohl Lkw als auch Pkw unnötig strapazieren. Hinzu kommt, dass es für die meisten Ortschaften und Städte keine Umgehungsstraßen gibt und das innerörtliche Straßennetz sich in der Obhut der kommunalen Verwaltung befindet. Und da die Städte meistens kein Geld haben, unterbleiben selbst die notwendigsten Straßenreparaturen. Dieser administrative Unsinn gehört als erstes abgeschafft. Für sämtliche Transitstrecken sollte nur eine zentrale staatliche Behörde verantwortlich sein, die dann auch Prioritäten setzen kann.

2. Anhebung der Mineralölsteuern!

Benzin und Diesel kosten in der Ukraine etwa nur die Hälfte wie in Deutschland. Das bedeutet also, dass die ukrainische Regierung ein wichtiges Einnahmepotential völlig vernachlässigt. Würde die Mineralölsteuer in der Ukraine auf westeuropäisches Niveau angehoben, hätte man auch genügend Geld, um den überfälligen Straßenausbau voranzutreiben. Zudem wäre eine solche Maßnahme ein wunderbares Konjunkturprogramm zur Ankurbelung der Wirtschaft.

Bei einem guten Straßennetz würden die Transportkosten trotz doppelter Dieselpreise deutlich sinken, was mitentscheidend wäre für ein ukrainisches Wirtschaftswunder.

3. Auch ein zuverlässiger TÜV ist unerlässlich!

Ein Großteil der Fahrzeuge auf ukrainischen Straßen ist nicht mehr verkehrstüchtig – offenbar fehlt ein vernünftiger TÜV. Die abenteuerlichen Schrottkisten stellen eine akute Gefahr dar für alle Verkehrsteilnehmer und beeinträchtigen natürlich auch den Verkehrsfluss. Wer sich kein sicheres Auto leisten kann, muss halt darauf verzichten – das sollten auch die Ukrainer akzeptieren.

4. Hohe Zölle auf alle Konsumprodukte!

Eine gesunde Volkswirtschaft kann sich nur entwickeln, wenn die zirkulierende Kaufkraft weitgehend im Lande bleibt, die meisten Konsumprodukte also im eigenen Land hergestellt werden. Obwohl die Monatslöhne in der Industrie in der Ukraine unter ca. 300 Euro liegen, müssen die meisten Konsumartikel (außer der Nahrungsmittel) importiert werden. Das kann auf Dauer niemals gutgehen. Wer als Verbraucher ausländische Qualität bevorzugt (weil sie momentan vielleicht gerade ein wenig besser ist oder einen höheren Status genießt), der soll für diesen Luxus eben auch entsprechend löhnen (über hohe Einfuhrzölle). Den vielen Neureichen in der Ukraine dürfte das nicht schwerfallen. Natürlich muss man bei der Gestaltung der Importsteuern mit etwas Fingerspitzengefühl vorgehen. Bei Produkten, die leicht ins Land „geschmuggelt" werden können (wie zum Beispiel Schmuck), erweisen sich überhöhte Zölle als kontraproduktiv. Das Gleiche gilt für Anlagegüter für die Wirtschaft.

5. Sicherheit für ausländische Investoren

Wie lockt man ausländische Investoren ins Land? Der Ukraine mangelt es eigentlich nicht an billigen, motivierten und gut ausgebildeten Fachkräften. Ein wichtiger Grund für die Zurückhaltung potentieller ausländischer Unternehmer ist die ukrainische Sprache mit ihrer ungewohnten kyrillischen Schrift. Um diesen gravierenden Nachteil aus der Welt zu schaffen, wäre eine amtliche Übersetzung der wichtigsten ukrainischen Gesetze ins Englische (vor allem in wirtschaftsrelevanten Fragen) äußerst nützlich. Auch in den Schulen und im Bewusstsein der Menschen sollte die Wichtigkeit englischer Sprachkenntnisse anerkannt werden. Es macht keinen Sinn, sich in diesem Punkt gegen den Lauf unserer Zeit zu sperren.

Grundvoraussetzung für jegliche ausländische Investitionstätigkeit sind zudem Rechtssicherheit, Eigentumsgarantie und eine Ausfuhrerlaubnis anfallender Gewinne. Hier fehlen vielleicht noch eindeutig bestätigende Gesetze, die jeglichen Zweifel ausräumen.

6. Keine Hypotheken in Fremdwährung

Häuslebauer und heimische Investoren müssen vor unbekannten Risiken geschützt werden. Hypotheken und kleinere Geschäftsdarlehen in Fremdwährung sind daher inakzeptabel, sie müssten vermieden werden.

7. Kein Agrarland für Ausländer

Das Agrarland sollte im Besitz der ukrainischen Bauern bleiben, schon um die Grundversorgung der Bevölkerung sicherzustellen. Das Land darf nicht in die Abhängigkeit ausländischer Bodenspekulanten geraten.

8. Sondersteuer auf neu ausgewiesenes Bauland

Den größten Reibach machen Leute, deren Agrarland plötzlich als Bauland ausgewiesen wird. Deshalb wird (wie überall in der Welt) auch in diesem Bereich besonders viel korrupiert und getrickst.

Ich bin der Auffassung, dass der Staat grundsätzlich an dieser besonderen Form der Wertsteigerung mit einer Sondersteuer (50 % vom Mehrwert) partizipieren sollte. Denn die Umwandlung von Agrar- in Bauland ist ja kein spezielles Verdienst des Besitzenden, sondern allein die Folge einer gesellschaftlichen Entwicklung (Verstädterung), weshalb dem Staat auch moralisch die Hälfte des inflationsbereinigten Zugewinns zusteht.

9. Werbeplakate-Steuer

Die Ukraine ist das Land der großen Werbetafeln. Ob in der Stadt oder auf den Feldern entlang der Landstraßen, überall findet man sie. Wieviel Geld wohl dafür bereits investiert wurde? Aber Werbeplakate verschandeln nicht nur das Straßenbild, sie beeinträchtigen auch die Aufmerksamkeit der Autofahrer und erhöhen somit die Unfallgefahr. Um den Wildwuchs dieser lästigen Reklame zu stoppen, halte ich eine saftige monatliche Standgebühr für angemessen und sinnvoll. Eine Werbeplakate-Sondersteuer könnte der Ukraine einen beachtlichen Teil dringend notwendiger Einnahmen bescheren.

10. Bekämpfung der Korruption

Unterentwickelte Staaten sind besonders anfällig für Vetternwirtschaft und Korruption – das wird auch in der Ukraine kaum besser sein. Das Problem ist bekannt, die Regierungen arbeiten daran, wenngleich auch meist mit mäßigem Erfolg.

Ursache der Korruption sind oft unterbezahlte Staatsdiener – um Überleben zu können, versuchen sie ihr mageres Gehalt durch illegale Gefälligkeiten aufzubessern. Eine Unterbezahlung staatlicher Angestellter (vor allem in den Bereichen Bau- und Gewerbegenehmigungen, Gewerbeaufsicht, Steuerfahndung usw.) kommt einem Staat meistens teuer zu stehen – er spart hier am falschen Ende.

Auch das Fernsehen könnte zur Eindämmung der Korruption beitragen – durch gezielte Berichte und Filme, die die verheerenden volkswirtschaftlichen Folgen dieses Grundübels aufzeigen. Erkennt die Bevölkerung erst einmal den hohen Stellenwert dieses Problems, wird es sich auch lösen lassen.

11. Verlässlichkeit und Verantwortungsbewusstsein

Auch in diesem Punkt kann das Fernsehen sehr nützlich sein. Deutschlands Aufstieg und Wirtschaftserfolg beruht zum großen Teil auf den beiden oben genannten Tugenden. Von 14 Postkarten, die ich im Juli 2010 aus der Ukraine in EU-Staaten verschickte, erreichten nur sechs ihr Ziel. Diese traurige Bilanz veranschaulicht, wie sehr sich die Einstellung zur Arbeit bei manchen Menschen noch ändern muss.

Damit hier kein falsches Bild entsteht – die allgemeine Arbeitsmoral in der Ukraine ist sicherlich nicht viel anders als in westeuropäischen Staaten. In meinen Hotels wurde ich (meistens) zuvorkommend bedient und auch der Arbeitseifer, soweit ich ihn beobachten konnte, schien mir durchaus normal. Es hakt halt lediglich an einigen Stellen – es fehlt so manches mal das Verantwortungsbewusstsein oder überhaupt ein Verantwortlicher.

13. Höhere Renten

Gerade in aufstrebenden Schwellenländern fehlt oft das Geld für eine menschenwürdige Versorgung der Rentner. Dies ist aber eigentlich immer nur die Folge mangelhafter Zollgrenzen, die einen wirtschaftlichen Aufbau auf breiter Basis verhindern. Die Rentenanhebungen könnten über die höheren Zolleinnahmen problemlos finanziert werden.

14. Förderung der Biogasanlagen

Dem Biogas gehört meines Erachtens die Zukunft und gerade für das große Flächenland Ukraine würde sich diese Technik anbieten. Ein Großteil der Agrarflächen lag im Sommer 2010 brach, während andererseits immer wieder gigantische Sonnenblumenfelder auffielen. Nur die Köpfe der Sonnenblumen werden genutzt, die großen Stile und Blätter werden später untergepflügt.

Vermutlich hätten sich in der Ukraine schon längst Biogasanlagen ausgebreitet, würde nicht verbilligtes Gas aus Russland die Energiepreise verderben (die Ukraine erhält das Billiggas als Ausgleich für die Stationierung der Schwarzmeerflotte in Sevastopol). Auch hier zeigt sich wieder einmal, wie Subventionen notwendige Marktprozesse vereiteln.

Nachtrag Juni 2014: Dieser Artikel wurde 2010 verfasst, also weit vor der Ukraine-Krise 2014. Wären meine Vorschläge rechtzeitig zumindest teilweise umgesetzt worden, hätte die ukrainische Geschichte vielleicht einen ganz anderen Verlauf genommen.

Die 30jährige Dauerkrise

Die Missachtung wirtschaftlicher Ethik und Moral bildet immer wieder den Ausgangspunkt schwerer Rezessionen und Weltwirtschaftskrisen.

1. Kritikpunkt:
Festhalten am globalen Dumpingwettbewerb
Politik und Medien unterstützen die kapitalistische Globalisierungs-Propaganda. Mit dem totalen Freihandel zwingt man die eigene Bevölkerung in einen unerbittlichen Wettbewerb mit den weltweit niedrigsten Löhnen. Die meisten einst florierenden Industrien sind in Westeuropa, Japan und den USA bereits ausgestorben (weitere werden folgen). Dass der globale Dumpingwettbewerb auch den Entwicklungsländern mehr schadet als nützt, habe ich bereits in meinem Hauptwerk „DAS KAPITAL und die Globalisierung" dargelegt. Ausführlich wurde dort beschrieben, wie man den Entwicklungsländern wirklich helfen kann.

2. Kritikpunkt:
Die Bestrafung der Arbeit!
Ist der Mensch weniger wert als das Kapital, ist das unsere Moral? Warum in aller Welt wird in unseren Kulturkreisen die *Arbeit massiv bestraft* (über Sozialversicherungsbeiträge und Steuern), während gleichzeitig Kapitalanlagen über Subventionen belohnt werden? Natürlich führt diese widersinnige und inhumane Verteuerung der Arbeit zu verhängnisvollen Fehllenkungen und zur Aushebelung marktwirtschaftlicher Kräfte. Aufgrund der idiotischen Gesetzgebung wird häufig in Maschinen investiert, die sich bei neutraler Abgabenlast niemals rechnen würden! Dadurch wird künstlich eine Massenarbeitslosigkeit aufgebaut, deren Folgekosten wiederum auf die Arbeit umgelegt werden. Per Gesetz wird in Deutschland die Arbeit um ca. 90 % verteuert, während gleichzeitig Investitionen durchschnittlich um 20 % verbilligt werden. Wann hört dieser Wahnsinn auf, wann wird endlich der Sozialstaat über Konsumsteuern oder Zölle finanziert?

3. Kritikpunkt:
Der globale Wettbewerb der Finanzindustrie führt zu einer unkontrollierbaren Liberalisierung (Anarchie)!
Die globale realwirtschaftliche Verzahnung fordert auch auf dem Finanzsektor ihren Tribut. Manche Nationalstaaten verzichten auf notwendige Regeln im Finanzverkehr, nur um Konkurrenzländer auszustechen, den eigenen Finanzstandort zu stärken und das

ausländische Kapital anzulocken. Dieses egoistische Schmarotzertum führt letztlich zu einer absurden Aufblähung der Finanzmärkte und damit auch zu einer Entfesselung spekulativer Kräfte.

4. Kritikpunkt: **Die Rettung der Banken**

Die großen Spekulanten werden anscheinend immer gerettet. Sie können weitgehend darauf vertrauen, dass letztlich doch der Staat einspringt und für ihre Fehlspekulationen mit Steuergeldern geradesteht. Solche Garantie-Bedingungen steigern natürlich nicht das Verantwortungsbewusstsein der Großanleger und Investmentbanker. Was ist das für eine seltsame Liberalisierung der Geldmärkte, wenn am Ende der kleine Mann für die Folgen dieser Gesetzlosigkeit aufkommen muss? Warum lässt man die Banken überhaupt so groß werden, dass sie als „systemrelevant" gelten und mit Staatsgeldern um jeden Preis gerettet werden müssen? Warum unterstützt der Staat sogar noch Bankenfusionen, anstatt über Monopol- oder Filialsteuern den allgemeinen Größenwahn einzudämmen („DAS KAPITAL und die Globalisierung", Seite 23).

5. Kritikpunkt:
Die zügellose Vermehrung der Geldmenge

Dem globalen Dumpingwettbewerb (Zollverzicht) verdanken alle Hochlohnländer ein bereits 30 Jahre andauerndes Siechtum. Um die Katastrophe und um Aufruhr zu verhindern bzw. hinauszuzögern, wird hemmungslos getrickst und die Marktwirtschaft manipuliert: Indem die Noten- und Zentralbanken imaginäres (faktisch nicht vorhandenes) Geld an die Privatbanken verleihen. Zwar wird das Geld später wieder eingesammelt (die Privatbanken müssen ihre Kredite natürlich wieder zurückzahlen), aber dennoch wird scheinbar unbegrenzt über die Notenpresse die Wirtschaft stimuliert. In den USA werden die Rückführungen inzwischen auch schon zur Staatsfinanzierung eingesetzt.

6. Kritikpunkt:
Zu niedrige Diskontsätze

Wer Geld selbst drucken und verleihen kann, braucht nicht sonderlich auf die Zinsrendite zu achten. Er kann mühelos alle anderen Marktteilnehmer, die real erwirtschaftetes Kapital einsetzen müssen, unterbieten. Noten- und Zentralbanken können somit ihre Diskontsätze unterhalb der Inflationsrate festlegen ohne bankrottzugehen. Die US-Notenbank hat mit ihrer langjährigen Dumpingzinspolitik die Finanzmärkte kräftig aufgemischt und die Immobilienblase entfacht. Die zu rasche Anhebung der Diskontsätze brachte diese Blase zum Platzen. Nach Ausbruch der Krise wurden die Leitzinsen noch weiter heruntergefahren (auf 0-0,25 %), wo sie seitdem verharren. Andere Zentral- und

Notenbanken mussten notgedrungen der amerikanischen Vorgabe folgen (siehe Währungsdumping Seite 30).

Diese künstlich aufgebaute Geldschwemme führt zu mannigfachen Verwerfungen: Die Mechanismen der Marktwirtschaft werden teilweise ausgeschaltet, mit Billigkrediten werden Investitionen getätigt, die unter normalen Umständen niemals rentabel wären (leerstehende Geisterstädte und Wolkenkratzer in Spanien, den USA, China usw). Betrogen (schleichend enteignet) werden die seriösen Geldanleger, die für ihre Spareinlagen nicht einmal mehr einen Inflationsausgleich bekommen (siehe Seite 36).

7. Kritikpunkt: **Der Euro kann nicht funktionieren!**

Kann eine Gemeinschaftswährung für Staaten mit völlig unterschiedlichen Steuergesetzen, Inflationsraten und Lohnniveaus auf Dauer Bestand haben? Wohl kaum, denn es fehlen ihr die notwendigen Anpassungs-Mechanismen der Ab- und Aufwertung. Wie soll der Markt die unterschiedlichen Staatsverschuldungen und die divergente Entwicklung der einzelnen Volkswirtschaften unter einen Hut bringen? Der Euro ist vom Grundprinzip her widernatürlich, unmoralisch und gegen alle Regeln der Vernunft und Marktwirtschaft – eine tickende Zeitbombe. Er kann nur künstlich aufrecht erhalten werden, weil die tonangebende Wirtschaft (die Lobby der Global Player) es so will (Förderung des globalen Dumpingsystems) und solange die Bevölkerung der BRD in Demut die Rolle des Zahlmeisters (Garantiegebers) akzeptiert. Dass die hochheilig versprochenen Stabilitätskriterien zum Euro nicht eingehalten würden, war von vornherein absehbar. Nur zur Erinnerung: Im Bundestag stimmten damals 90 % unserer „Volksvertreter" für den Euro, obwohl 70 % der Bevölkerung eindeutig gegen dessen Einführung waren.

8. Kritikpunkt:
Wahlversprechen – mit nicht vorhandenem Geld die Wähler bestechen!

Politiker und Parteien versprechen ihrer Zielgruppe gönnerhaft Wohltaten, die sie weder aus eigener Tasche zahlen noch über den Bundeshaushalt solide finanzieren können. Man spekuliert auf imaginäre Einnahmen (*mehr Umverteilung* oder Wirtschaftswachstum), die sich später dann allzuoft als Milchmädchenrechnungen entpuppen.

9. Kritikpunkt:
Staatsverschuldung Nebensache?

Was soll man von Politikern bzw. unserer Demokratie halten, wenn selbst in guten Jahren gewaltige Haushaltsdefizite akzeptiert werden? Ist eine Demokratie zu schwach, die Bürger (Wähler) mit der Wahrheit zu konfrontieren? Muss sie tatsächlich ungeniert Wohltaten verteilen, obwohl ihr das Geld dazu fehlt? Durch den über die Jahrzehnte aufgetürmten Schuldenberg fehlt das Geld und die Handlungsfähigkeit in der Krise. Das über Staatsschulden aufgeblähte Wirtschaftswachstum birgt den Keim für den Abschwung, denn irgendwann muss das Geld ja zurückgezahlt werden.

10. Kritikpunkt:
Staatlich gelenkte Deflationspolitik
Einen hoch verschuldeten Staat quält vor allem eine Sorge: Dass er für seine Staatsanleihen angemessene Zinsen zahlen muss. Um dies zu verhindern, verfolgt er eine einseitig egoistische Politik – die Bekämpfung der Inflation mit allen ihm zur Verfügung stehenden Mitteln (z. B. über neu generiertes Billiggeld durch die eigene Notenbank). Bei dieser schamlosen Aktion werden der Bevölkerung auch noch edle Motive vorgegaukelt. „Die Inflation treffe vor allem den kleinen Mann" heißt es, „und auch die Wirtschaft profitiere von der Geldwertstabilität".

11. Kritikpunkt:
Wenn der Rechtsstaat zum Alptraum wird ...
Rechtsstaat – das bedeutet leider nicht, dass es in diesem Staat besonders gerecht zugeht, sondern eben nur, dass Rechtsgrundlagen geachtet werden und jedermann für sein vermeintliches Recht bis zum Exzess prozessieren kann (häufig sogar auf Staatskosten).

Die Gesetzgebung in Deutschland ist bereits schwierig und kompliziert, weil neue Vorlagen nicht nur den Bundestag, sondern meistens auch noch den Bundesrat passieren müssen. Dieses zeitraubende Prozedere strapaziert bereits die Handlungsfähigkeit. Aber weit schlimmer noch sind die darauf folgenden Instanzen. Der Bundesgerichtshof, das *Bundesverfassungsgericht* und der Europäische Gerichtshof können alle Gesetze wieder kippen und stehen damit noch praktisch über den vom Volk gewählten Abgeordneten und seiner Regierung. So kommt es, dass vernünftige Gesetze (zum Beispiel Einschränkung der Pendlerpauschale) wieder aufgehoben werden, die Finanzierbarkeit des Sozialstaates erschwert wird (Neuregelung der Hartz-IV-Sätze und des Existenzminimums).

12. Kritikpunkt:
Verzicht auf das Lohnabstandsgebot!
In Deutschland ist es bereits so, dass ein von Hartz-IV lebender Vierpersonenhaushalt sich häufig finanziell besser steht als eine entsprechend große Doppelverdiener-Familie (siehe *Kinderarmut*). Das *Lohnabstandsgebot* gilt zwar nach wie vor, es steht aber nur auf dem Papier (bzw. im Gesetzbuch), weil eben die vielen Sonderleistungen für Hartz-IV-Empfänger nicht korrekt angerechnet werden. Was soll aus einem Staat werden, in dem sich Arbeit immer weniger lohnt? Dass in einem solch leistungsfeindlichen Umfeld die

Dauerkrise zur Normalität wird, braucht nun wirklich niemanden verwundern.

13. Kritikpunkt:
Die Abkehr von der Ehrlichkeit und Offenheit

In nahezu allen Staaten werden Statistiken geschönt. Die amtlich verkündeten Arbeitslosenquoten zum Beispiel sind eigentlich ein Witz, weil sie die Realität ausblenden (*verdeckte Arbeitslosigkeit*). Auch die Berechnung des BIP (Bruttoinlandsprodukt), des Wirtschaftswachstums, der Handelsbilanz usw. bieten riesige Gestaltungsspielräume.

Das Problem bei all dieser Bilanzkosmetik: Fehlentwicklungen werden nicht rechtzeitig oder eben gar nicht als solche wahrgenommen. Es ist, als ob man ein Fieberthermometer manipulieren würde (siehe Seite 13).

14. Kritikpunkt:
Mangelnde Bindung zum Staat

Ein Staat, den ein Gutteil der Bevölkerung nur noch als Unrechtsstaat wahrnehmen kann, ist zum Scheitern verdammt! Über Jahrzehnte wurde den Deutschen jegliches Nationalbewusstsein ausgetrieben. „Wer sich nicht schämt, ein Deutscher zu sein, ist rechtsradikal" – diese verhängnisvolle Parole wurde zum Leitmotiv einer schuldbewussten Demutsgesellschaft, die ihr Heil in Multikulti und einem europäischen Einheitsstaat sucht. Kein Wunder, wenn in diesem Umfeld auch viele Millionen Zuwanderer keine echte Affinität zu Deutschland entwickeln und ihre neue Wahlheimat trotz aller sozialen Zuwendungen innerlich verachten (siehe *Nationalbewusstsein*).

Ohne Rückhalt aus der Bevölkerung wird ein Staat aus der Dauerkrise nicht mehr herauskommen, er wird irgendwann zerfallen. Denn ohne nationale Bindung steigt die Auswanderung der Eliten und Reichen, während gleichzeitig Armutsflüchtlinge aus aller Welt in diesem „herrenlosen" Multikulti-Sozialstaat *Unterschlupf suchen*. Gleichzeitig begünstigt das nicht oder kaum vorhandene Nationalbewusstsein die Korruption, Sozial- und Steuerbetrug. Einen ungeliebten Staat zu betrügen, mit dem man sich nicht selbst identifizieren mag und dessen Gesetze oft kurios und ungerecht erscheinen, fällt vielen frustrierten Bürgern nicht mehr schwer.

All diese oben aufgeführten Kritikpunkte bilden den Ursprung von Rezessionen und Krisen. Es bleibt immer nur die Frage, wieviel Unheil durch die stetig wachsende Produktivität absorbiert wird. Der seit 1980 anhaltende Rückgang der Reallöhne und Renten in dem meisten Industriestaaten ist ein deutliches Indiz für das Ausmaß der kaum wahrgenommenen Dauerkrise (*„uns geht es doch gut"*).

Das Verschleppen von Wirtschaftskrisen

Die EU veranschaulicht seit 2008, wie eine wirtschaftliche Krise zur Dauerkrise wird. Weil die südeuropäischen Problemstaaten über keine eigene Währung mehr verfügen, kann der normal übliche Heilungsprozess nicht stattfinden. Vor allem in einem zollfreien Wirtschaftsraum nicht, in dem die ausgemergelte Restindustrie ungeschützt mit osteuropäischen Billiglohnländern im Wettbewerb steht.

Weil nun der notwendige Austritt aus dem Euro (oder gar aus der EU) tabuisiert wird und aus ideologischen Gründen auf keinen Fall angedacht (geschweige dann durchdiskutiert) werden darf, muss mit äußerst fragwürdigen Mitteln die Quadratur des Kreises versucht werden. Eigentlich logisch, dass derlei Experimente zum Scheitern verurteilt sind.

Kann mit faulen Tricks die europäische Krise überwunden werden?

Der offene EU-Binnenmarkt führt konsequenterweise zur fortschreitenden Monopolisierung. Die großen Global Player werden mächtiger und breiten sich weiter aus. Im gleichen Maße, wie inländische mittelständische Hersteller dem ungeschützten Wettbewerbsdruck erliegen. Die industrielle Basis geht in den einzelnen EU-Staaten dadurch mehr und mehr verloren, wobei die Massenarbeitslosigkeit zunimmt (was wegen der üblichen Bilanzkosmetik im vollen Umfang selten wahrgenommen wird). Das sich aufstauende Arbeitslosenproblem ruiniert wiederum die Staatsfinanzen. Doch auch dieses Problem konnte mit Hilfe der EZB durch eine Ausweitung der Staatsschulden zunächst verschleiert und verschoben werden.

Als Antwort auf die grundlegenden Konstruktionsfehler der EU und des Euro fiel den EU-Krisenmanagern nichts Besseres ein als ein eisernes Sparprogramm, das jedoch die Not in den betroffenen Problemstaaten auf Jahre verschlimmerte. Die Erwerbslosenzahlen stiegen weiter an, folglich waren die Staatshaushalte noch schwieriger in den Griff zu bekommen.

In einem intakten Binnenmarkt (eigene Währung, wirksame Schutzzölle) hätten sich die südeuropäischen Sorgenländer (Griechenland, Spanien, Portugal) auf natürlichem Wege schnell wieder berappelt. Aber im europäischen Verbund war die überfällige Währungsabwertung leider nicht möglich.

Um dieses Dilemma in den Griff zu bekommen, versuchte man die Wirtschaft mit einer Billiggeldschwemme zu beleben. Dabei machen sich auch hier wieder die Nachteile des inhomogenen EU-Wirtschaftsraums bemerkbar. Denn viele „gesunde" EU-Staaten brauchten gar keine künstliche Konjunkturbelebung über die Notenpresse. Sie mussten völlig unnötig eine toxische Medizin schlucken, die süchtig macht, seriösen Lösungsansätzen diametral widerspricht und im wirklich akuten Notfall dann kaum noch einsetzbar ist.

Zwar können EU-Staaten sich jetzt über die Notenpresse supergünstig refinanzieren, aber dies geschieht leider zu Lasten der Sparer und der Besitzer von Lebensversicherungen. Das neu gedruckte, vagabundierende Billiggeld kommt halt nur selten dort an, wo es gebraucht wird. Wegen des hohen Ausfallrisikos werden mittelständischen Betrieben trotz Geldschwemme häufig überlebensnotwendige Kredite verweigert. Und so wandert das übermäßig generierte Zentralbankgeld oft dort, wo es gar nicht hin soll: in neu angelegten Spekulationsblasen.

Wird die Bevölkerung gar nicht mehr gefragt?

Man stelle sich vor: Durch das künstlich geschaffene Billiggeld der EZB (Leitzins seit 2008 zwischen lächerlichen 0,15 und 1,5 Prozent), werden weite Bevölkerungsteile der EU schleichend enteignet (Zinsrendite unterhalb der Inflationsrate), und die 500 Millionen EU-Bürger dürfen über diesen historischen Gewaltakt in keinster Weise mitbestimmen. Sie werden über die verheerenden Folgen nicht einmal ansatzweise aufgeklärt, denn alles soll ja möglichst kritik- und geräuschlos im Verborgenem ablaufen.

In Deutschland entwertet man seit der Jahrtausendwende den Renten-Generationenvertrag mit der Begründung, der Bürger solle sich doch gefälligst selbst eine private Zweitrente aufbauen – und dann wird durch die Billiggeldschwemme der Wert dieser staatlich geförderten privaten Vorsorge erheblich geschmälert.

Können sich die Krisenländer mittels Billiggeldschwemme retten?

Es sind jetzt schon fünf lange Jahre ins Land gegangen und eine Besserung ist kaum in Sicht. Griechenland mussten bereits 100 Milliarden (wohlgemerkt: Milliarden, nicht Millionen) Euro Schulden erlassen werden (man nennt das verharmlosend einen Schuldenschnitt), aber selbst dieser gewaltige Kraftakt konnte die Probleme nicht lösen. Inzwischen verlangt man einen neuerlichen Schuldenschnitt, wobei die Stimmung in Griechenland sich weiter aufheizt, vor allem gegen das böse "unbarmherzige" Deutschland. Obwohl sich also die Lage in den Krisenländern trotz aller Sparbemühungen kaum bessert, proklamieren unbelehrbare EU-Fanatiker unverdrossen stolze Erfolge. Wieder einmal werden Wahrheiten ausgeblendet und Wähler getäuscht.

Wie wird die europäische Krise enden?

Ich denke nicht, dass die hochriskante Billiggeldschwemme die aufgestauten Probleme auflösen kann. Die Forderungen nach einer Vergemeinschaftung der Schulden werden lauter werden (Deutschland muss dann einen noch größeren Teil fremder Schulden übernehmen). Aber auch diese grenzenlose Art von Transferunion wird die kontraproduktiven Widersprüche der EU nicht aufheben können. Wenn es schlecht läuft, kommt es irgendwann zum großen Crash, also zum Zusammenbruch der gesamten EU oder zumindest der Euro-Zone. Mit viel Glück wird sich bei aufgeschlossen EU-Verantwortlichen noch rechtzeitig die Vernunft durchsetzen und eine geregelte Auflösung des Euro (bei gleichzeitiger Wiedereinführung der alten nationalen Währungen) erfolgen.

Alternativ wäre lediglich der Umbau der EU zu einem echten Bundesstaat mit einheitlichen Löhnen, Steuern usw., wobei dann alle Nationalstaaten auch den letzten Rest ihrer Souveränität an Brüssel abtreten müssten. Ein neues Großeuropäisches Reich mit über 20 Amtssprachen dürfte wegen bestehender altnationaler Interessen und Ressentiments jedoch kaum regierbar sein.

Das Zustandekommen eines einheitlichen EU-Bundesstaates halte ich jedoch für eher unwahrscheinlich. Wie sich bei der Europawahl 2014 herausgestellt hat, wird eher das Gegenteil eintreten: Es werden immer mehr Bürger von ihren Regierungen verlangen, das EU-Experiment so rasch wie möglich zu beenden und die unheilvolle Union zu verlassen. Selbst in den EU-Kernländern Frankreich und Großbritannien manifestieren sich bereits derlei Bestrebungen. Denn immer weniger Franzosen und Briten fallen auf die plumpen Durchhalteparolen „Die EU beschert Euch den Wohlstand!" herein.

> # Die bereits sechs Jahre andauernde Billiggeldschwemme westlicher Zentralbanken nährte eine unheimliche Bonitätsblase, die schon heute kaum noch beherrschbar ist.
>
> ## Wann und wie will man diese finanzpolitische Zeitbombe wieder entschärfen?

Lassen sich Wirtschaftskrisen vorhersagen?

Noch immer gelingt die Vorhersage von Wirtschaftskrisen kaum besser als die Warnung vor Erdbeben oder Vulkanausbrüchen. Dabei gab es vor den Crashs bislang immer genügend eindeutige Warnsignale – sie wurden jedoch von den Ökonomen und Regierungen nicht ernst genommen.

Auch 2007 war das bevorstehende Platzen der amerikanischen Immobilienblase vorauszusehen, aber selbst eindeutige Alarmzeichen wurden ignoriert. Eingeweihte waren gut informiert über die kriminellen Praktiken bei der Hypothekenvergabe, sie kannten die mangelhafte Bonitätsprüfung der Häuslebauer und wussten von Subprime-Hypothekenpaketen, die unter Vorgabe falscher Sicherheitsgarantien in alle Welt verschoben wurden. Aber selbst diese Ungeheuerlichkeiten bewegten die US-Administration nicht zum Handeln.

Auch die nächsten Krisen liegen bereits in der Luft, man kann sie regelrecht spüren. Wieder entbrennt sich ein Kampf gegen die Zeit – wird man rechtzeitig die Reißleine ziehen und die wichtigsten Risikofaktoren entschärfen? – Vermutlich nicht, weil es eben bei der Beurteilung der Lage zu große Unterschiede gibt und man die wahren Gefahren (die ich in diesem Büchlein skizziert habe) nicht sehen will.

Und so wird es wieder ein ganz spannende Geschichte. Beruhigen sich die Märkte, gelingt es, die Geldschwemme zu beenden und die Diskontsätze langsam zu erhöhen, ohne damit eine erneute Rezession einzuleiten? Oder versucht man es weiter mit dem „gedrucktem" Billiggeld der Zentalbanken, dass dann auch noch zur Finanzierung der Staatsschulden herangezogen wird.

Niemand weiß, ob und wielange dieser Balanceakt gelingen kann. Niemand kann vorhersagen, wann bei einer weiteren Geldvermehrung der Scheitelpunkt erreicht ist, an dem die Bürger und Investoren endgültig das Vertrauen in eine Währung oder das globale Finanzsystem verlieren. Sollte das geschehen, steht vielleicht die größte Weltwirtschaftskrise aller Zeiten ins Haus, die Erinnerungen an die große Depression der 1930er Jahre weckt. In einem solchen Fall sind dann selbst Währungsreformen nicht mehr auszuschließen (was einer Enteignung der Besitzenden gleichkäme).

Eine dauerhaft unseriöse Finanzpolitik oder ein anhaltender globaler Dumpingwettbewerb entlädt sich früher oder später in einer schweren Wirtschaftskrise. Nur wenn Politiker sich dieser Tatsache stellen und nicht weiter versuchen, über Währungsdumping und billiges Notenbankgeld Marktgesetze auszutricksen, kann sich die ständige Bedrohung auflösen und die Menschheit mit Zuversicht in die Zukunft blicken.

Epilog: Der Versuch einer konkreteren Prognose

Wann kommt die nächste Krise?

Die nächste Krise wird vermutlich <u>nicht</u> durch das Platzen einer Spekulationsblase ausgelöst, sondern durch Zahlungsunfähigkeiten überschuldeter Staaten. Oder aber, falls diese Staaten ihre Haushaltsdefizite weiterhin ungeniert über Notenbanken finanzieren, durch einen allgemeinen Vertrauensverlust in das Weltfinanzsystem.

Wie auch immer – die Verschuldung und damit auch die Gefährdung der Staaten ist höchst unterschiedlich. Die Währungen schwacher Staaten, also diejenigen mit hohen Haushaltsdefiziten und Staatsschulden, verlieren ständig an Glaubwürdigkeit und damit an Wert. Lediglich in der Eurozone kommt es zu einer Aufweichung dieses natürlichen Mechanismus, indem sich aus allen beteiligten Volkswirtschaften ein Mittelwert bildet (die starken Partner also die Versäumnisse der anderen mit ausbaden müssen).

Gehen wir in einem Beispielszenario einmal von einer weiteren <u>Abwertung des Dollars um 30 Prozent aus</u>, was ja gar nicht so unwahrscheinlich ist. Es handelt sich hierbei natürlich nur um eine Hypothese, eine von vielen Möglichkeiten. Genauere Vorhersagen sind unmöglich, weil sich im voraus nicht die Reaktionen einzelner Staaten, des IWF oder der G20 berechnen lassen.

1. Importwaren werden durch die Abwertung in den USA teurer und deshalb weniger nachgefragt. Der Rückgang der Importe führt zwar ganz allmählich zum Aufbau eigener Produktionsbetriebe, also zu einer stärkeren Selbstversorgung – aber zunächst einmal bedeutet weniger Import weniger Konsum und herbe Absatzverluste der Exportländer.

2. Die Dollarabwertung macht US-Produkte konkurrenzfähiger, das Handelsdefizit verringert sich. Allerdings führt die Verbilligung der US-Produkte auch zu weiteren realen Einkommensverlusten der US-Bürger (für Rohstoffe müssen sie mehr bezahlen).

3. Sollte die US-Wirtschaft sich allmählich fangen (Senkung der Arbeitslosenzahlen, geringere Haushaltsdefizite), könnte der Dollar sich wieder berappen und ein Überschwappen der Krise auf andere Erdteile bliebe der Menschheit erspart. Sollte es den USA nach der Dollarabwertung jedoch nicht besser gehen und das Land seine Überschuldung nicht in den Griff bekommen, sieht es wahrlich düster aus.

Bei einer ehrlichen Finanzierung der Staatsanleihen über real vorhandene Spargelder und Anlagevermögen würden die Zinsen rasch ansteigen – bei einer weiteren Finanzierung über die eigene Notenbank droht dagegen der totale Vertrauensverlust in den Dollar und damit eine Hyperinflation. Immer mehr Anleger würden aus dieser Weichwährung aussteigen wollen, was zu einer Dollar-Verkaufspanik ausarten könnte.

4. Auch die Gläubigerländer werden auf ihren Dollars bzw. US-Staatsanleihen nicht sitzenbleiben wollen. Sie werden versuchen, mit einem blauen Auge davonzukommen und vorhandene Bestände abstoßen oder sinnvoll anlegen (Kauf von Rohstoffen, Übernahme von ausländischen Unternehmen, Investitionen in Immobilien usw.).

5. Die Abwendung vom Dollar offenbart endlich das ganze Ausmaß der finanziellen Verflechtungen und Zahlungsverpflichtungen. Das Misstrauen ins Papiergeld überträgt sich schließlich auch auf andere Staaten.

6. Die Notenbanken müssen weltweit ihre Politik der Billiggeldschwemme aufgeben, um neues Vertrauen aufzubauen.

7. China gibt notgedrungen seine Yuan-Bindung an den Dollar auf – chinesische Waren werden teurer.

8. China wird daraufhin vermutlich versuchen, die eigene Binnennachfrage zu stimulieren (als Ausgleich für den Absatzverlust in den USA).

9. Alle Banken mit hohen Dollaranleihen geraten in Turbulenzen – die Regierungen müssen das Bankensystem abermals stützen (Bürgschaften übernehmen).

10. Dadurch geraten weitere Staaten und Währungen in Misskredit. Die Flucht in feste Anlagewerte breitet sich weiter aus (Rohstoffe, Edelmetalle, Immobilien, Agrarland werden begehrenswerter, während die Aktienmärkte vermutlich erst einmal einbrechen, weil in der Krise Konzerngewinne abstürzen und die Zukunft vieler AG ungewiss ist.

11. Die Entwertung des Dollar steigt schließlich auf 60 % bezogen auf stabile (gesunde) Währungen wie zum Beispiel dem Schweizer Franken (oder dem Gold) – wodurch auch in diesen Musterländern der Export abgewürgt wird.

12. Einige Eurostaaten stehen wegen der neuen Krise endgültig vor der Pleite. Die Stützen des Euro (Deutschland, Frankreich, Benelux, Österreich, Finnland) müssen abermals entscheiden, noch mehr Geld bzw. noch mehr Bürgschaften in das fragwürdige Unternehmen zu schießen oder aber den Euro aufzugeben.

Sollten sie sich für eine weitere Stützung der Pleitestaaten entscheiden, werden sie in den Abstiegssog mit hineingezogen, auch der Euro verliert dann weiter an Wert.

Sollten sie jedoch die Sinnlosigkeit des Euro-Abenteuers einsehen (und eingestehen) und den Euro auflösen, werden einige Euro-Staaten ihre Zahlungsunfähigkeit erklären und sich dadurch entschulden. Dann müssten die starken Eurostaaten die Kreditausfälle ihrer Geschäftsbanken verkraften und auch noch die Schulden der EZB übernehmen (dennoch wäre dies die bessere und sauberere Lösung).

13. Die Währungsturbulenzen führen weltweit schließlich wieder zu Firmenpleiten und Massenentlassungen, der Sozialstaat deutscher Prägung gilt als nicht mehr finanzierbar und muss gründlich abgespeckt werden (Wiederherstellung des *Lohnabstandsgebots*).

14. Würden die dominierenden Staaten ihre Schulden wie gehabt mit einer Geld-

schwemme ihrer Notenbanken ausgleichen wollen (am eigenen Schopf sich aus dem Sumpf herausziehen wollen), wäre dies vermutlich das endgültige Aus bzw. der endgültige Zusammenbruch der Weltwirtschaft.

Niemand könnte dann noch dem bunten Papiergeld trauen! Da nützen dann selbst die scheinheiligsten Schwüre und Garantieerklärungen seitens der Regierungen nichts mehr. In einem solchen Umfeld wäre nur noch ein totaler Neuanfang – radikale Sparmaßnahmen oder gar eine Währungsreform möglich.

Um die Ernsthaftigkeit ihrer Stabilitätsbemühungen zu demonstrieren, würden die Leitwährungen vielleicht wieder an den Goldstandard gebunden, womit den Zentralbanken zunächst (bis zur erneuten Aufhebung dieses Goldstandards) die Möglichkeit genommen wäre, nach Herzenslust neues Geld zu generieren. Die Verpflichtung, jederzeit Banknoten in Gold umzutauschen, lässt nun einmal keine hohen Geldmengenerhöhungen zu (nur über den Umweg einer Geldentwertung).

14. Die Weltgemeinschaft erkennt – endlich –, dass ein exzessiver Welthandel mit der damit verbundenen Verflechtung der Finanzmärkte nicht beherrschbar ist und leiten eine *Entglobalisierung* ein (vorwiegend über eine Anhebung der Zölle).

15. Selbst einst globalisierungshörige Politiker und Ökonomen werden einräumen, dass ein zollfreier Welthandel nur möglich ist bei annähernd gleichen Bedingungen (gleichen Löhnen, Sozialniveaus, Steuern, Umweltschutzregeln usw.). Sie werden begreifen, dass eine *echte Marktwirtschaft* faire Grundlagen braucht, die beim praktizierten Freihandel ohne Zölle schier unmöglich sind.

16. Erst wenn ein Volk seinem Papiergeld wieder traut, kann das gesellschaftliche Leben wieder seinen gewohnten Gang nehmen. Gelten wieder die Regeln der Vernunft und des Anstandes, wird Arbeit wieder zum ehrbaren und fair bezahlten Gut und Leistungsbereitschaft zu einer selbstverständlichen Tugend.

Ich rechne mit einer Wahrscheinlichkeit von 60 %, dass in den nächsten zehn Jahren eine katastrophale Währungs- bzw. Wirtschaftskrise die Welt erschüttert. Verlässliche Vorhersagen kann leider auch ich nicht treffen, weil das Vertrauen (und darauf kommt es schließlich an) der Bevölkerung in die Währungen schwer messbar ist. Ebenso unklar ist, was die wichtigsten Staaten bewerkstelligen, um bereits verlorengegangenes Vertrauen zurückzugewinnen.

Aus diesem Grund lässt sich auch nicht prophezeien, welche Leitwährung zuerst zusammenbricht und den Dominoeffekt auslösen wird. Der Dollar scheint mir in dieser Beziehung am naheliegendsten (wegen ausufernder Staatsschulden und unverantwortlicher Notenbankpolitik), gefolgt von dem Euro (wegen der Unvereinbarkeit völlig unterschiedlicher Volkswirtschaften). Aber auch der japanische Yen gilt mir als Risikokandidat, ebenso wie die Währungen einiger Schwellenländer.

Warum ich so skeptisch bin? Weil nun einmal ständige Lohnsenkungen bei steigender Produktivität auf Dauer nicht Bestand haben können! Weil die Billiggeldschwemmen der Zentralbanken jeglicher Moral entbehren und die Gesetze der Marktwirtschaft aushebeln! Weil unfaire Markbedingungen (20 Euro Stundenlohn hier, 1 Euro Stundenlohn dort) langfristig unhaltbar sind! Ein derartiges System von Schummel und Betrug muss früher oder später in sich zusammenbrechen.

Warum die Dollars weiter an Wert verlieren werden ...
Die USA haben jahrzehntelang dem Sterben ihrer Industriebetriebe tatenlos zugesehen. Heute arbeiten nur noch neun Prozent der Amerikaner in der Industrie. Im Aberglauben an ihre uneingeschränkte Vormachtstellung hat die US-Regierung den unfairen Wettbewerb der Globalisierung akzeptiert (auch weil die parteispendenfreudigen Großkonzerne an diesem Ausbeutungssystem prächtig verdienten). Der Finanzsektor erwirtschaftete am Ende 40 % aller Unternehmensgewinne der USA, da schien das allmähliche Aussterben der Industrie doch vertretbar.

Heute nähern sich die Staatsschulden der USA der 100-%-Marke des BIP (ca. 14 Billionen Dollar). In gleicher Höhe etwa sind auch die US-Privathaushalte verschuldet. Die offizielle Erwerbslosenquote liegt zurzeit bei knapp 10 %, wobei aber weitere 10 % die Suche nach einem Arbeitsplatz resigniert aufgegeben haben. Die Schere zwischen Groß- und Kleinverdienern hat absurde Formen angenommen (wegen der Globalisierung = des Zollverzichts), 0,1 % der US-Bürger an der Spitze der Einkommensskala verdienen genauso viel wie die Masse der 120 Millionen am unteren Ende (fast 40 % der Bevölkerung).

Die Gläubiger der USA kennen die Misere der USA nur zu genau (<u>bzw. wird sie ihnen zunehmend bewusster</u>). Da ist es doch nur wahrscheinlich, wenn sie bereits jetzt im Vorfeld der sich anbahnenden Katastrophe ihre Dollarbestände abzubauen versuchen. Jetzt bekommen sie für einen Greenback noch 0,70 Euro – wer weiß, was sie in einem Jahr dafür erhalten? Der Ausstieg aus dem Dollar geht einher mit seiner Abwertung – und so nimmt das Schicksal eben seinen Lauf.

Retten könnte die USA in dieser Situation vermutlich nur Steuerreformen (höhere Spitzen-, Konsum- und Mineralölsteuern), einen Abbau der Billiggeldschwemme und eine Abkehr vom Globalisierungswahn (kontrollierte Anhebung der Zölle) – aber zu solchen Kraftakten scheint mir das Land (das politische System) einfach zu schwach und die breite Bevölkerung auch zu uneinsichtig.

Das kapitalistische Ermächtigungsgesetz

Über das wichtigste wirtschaftspolitische Prinzip wird leider nicht öffentlich diskutiert: Wie kommt es überhaupt, dass das Kapital so viel Macht hat und sowohl die Menschheit als auch die Staaten dieser Welt ausbeuten und gegeneinander ausspielen kann?

Die Antwort ist verblüffend einfach: <u>Allein der Abbau der Zölle vollbrachte dieses „Wunder"</u>. Die Systematik ist schnell erklärt: Bei angemessenen Zöllen (wie man sie früher ja hatte) lohnen sich Produktionsverlagerungen ins Ausland nicht. Wenn beispielsweise ein Waschmaschinenhersteller seine Fabriken von Deutschland nach Polen verlegt um Lohnkosten und Steuern zu sparen, kann der Einfuhrzoll sämtliche Einsparungen zunichte machen. Mitsamt der zusätzlichen Transportkosten kämen die in Polen produzierten Waschmaschinen am Ende teurer als die im Inland gefertigten Konkurrenzangebote. Der Absatz des abtrünnigen Herstellers würde hier also einbrechen, er könnte in Deutschland kaum noch Geschäfte machen.

    Fazit: Bei angemessenen Einfuhrzöllen sind die Hersteller gut beraten, in dem Land zu produzieren, in dem sie die Waren verkaufen und Gewinne machen möchten.

Der Abbau der Zölle (also die *Globalisierung*) bedeutet letztlich eine Machtumkehr: <u>Bei Zöllen halten die Regierungen das Heft in der Hand und die Arbeitnehmer können nicht ausgebeutet werden. Entfernt man die Zollschranken, entwickelt sich das genaue Gegenteil, das Kapital und die Konzerne haben dann das Sagen.</u>

Alle unsere Probleme resultieren aus dieser Machtumkehr!
Die gigantische Staatsverschuldung, der Abbau einstiger sozialer Errungenschaften, die rückläufige Entwicklung der realen Arbeitseinkommen sind letztlich nur die logischen Folgen des Zollabbaus. Kein Wunder also, dass das Kapital mit allen Mitteln diese Machtumkehr herbeigeführt hat. Es darf deshalb auch nicht überraschen, dass die kapitalistisch ausgerichteten Verlage und Medienanstalten die Globalisierung (also den zollfreien Welthandel) glorifizieren. All diese Nutznießer fürchten nichts so sehr wie eine Debatte über die Wiedereinführung der Zölle oder ähnlich greifender Maßnahmen, wie zum Beispiel die *Erhöhung der Mehrwertsteuer*.